Erich Hunziker

Seinen beruflichen Weg finden

Unterstützungsmöglichkeiten zur Berufswahl, Schulwahl und Laufbahn der Jugendlichen

schulverlag

Impressum

Autor

Der Autor Erich Hunziker, Eidg. dipl. Berufs- und Laufbahnberater, war in verschiedenen Funktionen im technischen, pädagogischen und sozialen Bereich tätig, so z. B. als:

- Ausbildungsleiter in einem Grossbetrieb
- Prüfungsexperte an Lehrabschlussprüfungen
- Gründer und erster Präsident eines Lehrmeisterverbandes von gegen 100 Mitgliederfirmen zwecks Förderung der Ausbildungskompetenz
- Dozent an der höheren Fachschule für Technik, Informatik und Wirtschaft IBZ
- Autor von Fachbüchern im Bereich der Erwachsenenbildung
- Berufsberater für die Eingliederung behinderter Menschen
- Kursleiter beim Schweizerischen Verband für Berufsberatung
- 20 Jahre Berufs- und Laufbahnberater in einer öffentlichen Berufsberatung

Heute ist er, neben seinen Beratungstätigkeiten, im Bereich Berufswahlvorbereitung tätig.

Gestaltung

Jürg Peter, 3047 Bremgarten

1. Auflage 2006

Art.-Nr. 7.823.00
ISBN-10: 3-292-00431-4
ISBN-13: 978-3-292-00431-4

Vorwort

Die Eltern und Lehrerpersonen werden früher oder später mit der Frage der Berufswahl ihrer Kinder/ Schülerinnen und Schüler konfrontiert. Durch die raschen Veränderungen der Arbeitswelt und durch neue Formen im Bildungswesen fehlt ihnen oft die nötige Gelassenheit und der Überblick, um die Jugendlichen zu begleiten. Immer wieder wird der akademische Bildungsgang privilegiert, ohne zu berücksichtigen, dass der Lernweg über einen Beruf differenzierter und individueller gestaltet werden kann.

Erich Hunziker, Berufs- und Laufbahnberater mit 30-jähriger Erfahrung, befasst sich in der vorliegenden Publikation mit dieser Thematik. Er will damit Informationen vermitteln und das Verständnis für Jugendliche in unterschiedlichen Situationen fördern. Zentrales Anliegen des Autors ist es jedoch, Eltern, Lehrerpersonen und den Jugendlichen lebensnahe berufliche Ausbildungswege bewusst werden zu lassen.

Der praxisorientierte «Berufsbildungsführer» hilft die Orientierung beizubehalten und mutig das Ziel anzustreben.

Zum Gebrauch dieses Buches

Liebe Leserinnen und Leser

Sie können die Broschüre in einem Zug durchlesen oder sich Teile davon herauspicken, welche Sie gerade interessieren. Dazu haben Sie die Möglichkeit, sich anhand des Inhaltsverzeichnisses einen Überblick über den gesamten Stoff zu verschaffen. Zudem können Sie sich am Anfang eines jeden Kapitels über die Themen orientieren, in welche Sie sich vertiefen wollen.

Inhalt

1. Jugendliche vor der Berufswahl

Um was geht es eigentlich?

Wenn die Schülerinnen und Schüler in der Oberstufe sich mit den sozialen Realitäten auseinander setzen, erwachen in ihnen früher oder später Fragen, die sich um das Leben nach der Schule drehen. Welchen Platz soll ich in der Berufswelt einmal einnehmen? Die natürliche Aufbruchstimmung in diesem Alter können den Jugendlichen zu Überlegungen führen, mit welchem Abschluss er die Schule verlassen will. Die Beschäftigung mit der eigenen Zukunft löst bei vielen Schülerinnen und Schülern auch Unbehagen aus, weil sie selbst noch schlecht einschätzen und beurteilen können, wo sie stehen, und deshalb noch wenig Ahnung davon haben, was sie wirklich wollen. Zudem wissen die meisten nicht, auf was sie achten und wie sie vorgehen sollen, um einmal mit einer gewissen Sicherheit sagen zu können, was zu ihnen passt. Aufgrund der Veränderungen in der Arbeitswelt machen sich viele Jugendliche Sorgen, ob sie einen Ausbildungs- oder Studienplatz finden und ob sie überhaupt den Anforderungen in der Berufswelt gewachsen sind. Als Folge des raschen Wandels in der Arbeitswelt sind viele Berufsinhalte und Ausbildungswege undurchschaubar geworden.

In dieser Situation helfen auch möglichst viele Informationen über die verschiedenen Berufe wenig, weil die jungen Menschen diese noch nicht mit sich selbst verbinden können, solange sie sich nicht ihrer Intentionen und Willensimpulse bewusst sind. Viele glauben aufgrund ihrer Fähigkeiten Anhaltspunkte für die Berufswahl zu finden, was sich dann wieder verflüchtigt, wenn das echte Interesse dazu fehlt.

In dieser Phase der Berufsfindung brauchen die Jugendlichen Unterstützung im Finden des eigenen Weges. Eine wertvolle Hilfe sind dabei die verschiedenen Praktika wie: Landwirtschafts-, Forstwirtschafts-, Industrie-, Sozialpraktika usw., welche die Schule anbietet und so den Jugendlichen den Zugang zur komplexen Berufswelt erleichtert. In den verschiedenen Arbeitseinsätzen (zum Teil auch im Ausland) lernen die Schülerinnen und Schüler in der Praxis, dass die Arbeitswelt ein Bereich des Tätigseins ist und immer auf die Befriedigung von Bedürfnissen anderer gerichtet ist. Sie erfahren, dass für die Bewältigung von unterschiedlichen Aufgaben unterschiedliche Anforderungen gestellt werden, wofür es entsprechende Motivation, Fähigkeiten und Verhaltensweisen braucht.

Aus der Erfahrung heraus, dass die verschiedenen Berufspraktika jedoch den heutigen komplexen Fragestellungen rund um die Berufsfindung nicht vollumfänglich gerecht werden, schenkt man im Konzept der Oberstufe der Berufswahlvorbereitung zusätzlich Beachtung.

Es geht dabei nicht darum, die Jugendlichen auf die Wirtschaft vorzubereiten, sondern sie so vorzubereiten, dass ihnen Möglichkeiten aufgezeigt werden, wie sie neue Herausforderungen meistern, ohne ihre veranlagten individuellen Ziele ausser Acht zu lassen. Diese Aktivitäten von eigens dafür qualifizierten Lehrkräften haben zum Ziel, Impulse zu setzen, damit die Jugendlichen motiviert werden, sich mit ihren eigenen Interessen und Fähigkeiten bewusster auseinander zu setzen, und Wege aufzuzeigen, wie sie diese in die Realität umsetzen können. Siehe dazu auch Kapitel 2 «Stationen auf dem Weg zum geeigneten Beruf».

Während Berufspraktika vor allem den Erlebnisbereich ansprechen, sollen die Berufswahl-Vorbereitungsmassnahmen der Schule helfen, die «richtigen» Fragen zu stellen, um die im Innern des Jugendlichen angelegten Antworten zu finden.

Wesentlich ist dabei die Erfahrung des Jugendlichen, zu erkennen, dass sowohl die Ich-Findung als auch die Berufsfindung keine einmalige Angelegenheit, sondern ein Prozess ist, der im Bewusstsein heranreift und in einer Reihe von Erfahrungen im Wechsel von Selbstwahrnehmung, Berufserkundung und innerer Verarbeitung zu einem vorläufigen Abschluss kommt. Der Jugendliche muss dabei lernen, seine Wahl und seine Entscheide, die sich aus unzähligen Teilentscheiden zusammensetzen können, mit der Zeit selbst zu verantworten.

Es geht also niemals darum, dass am Ende dieser Berufswahl-Vorbereitungsaktivitäten in der Schule die Schülerinnen und Schüler wissen, welche Berufe sie ergreifen wollen, noch ersetzen sie die verantwortungsbewussten Anstrengungen der Eltern oder, wo nötig, den Gang zur Berufsberatung.

Es geht um einen Bewusstwerdeprozess, welcher durch die Lehrkräfte angeregt und durch die Eltern unterstützt werden sollte. Siehe dazu Kapitel 3 «Unterstützungsmöglichkeiten bei der Berufsfindung».

Es führen verschiedene Wege zu einem Erfolg versprechenden Berufsziel

Da sich heute die Ausbildungsmöglichkeiten infolge des raschen Wandels in der Berufswelt ständig verändern, ist es für einen Jugendlichen nicht leicht, sich im Dschungel der verschiedenen Berufsbilder für einen Weg zu entscheiden. Entscheiden heisst, nach der Auseinandersetzung mit seiner eigenen Person, mit seinen Interessen und Fähigkeiten und den infrage kommenden Ausbildungsgebieten, eine entsprechende Auswahl des Berufsangebotes vorzunehmen. Diesem Prozess weichen viele Jugendliche anfänglich aus, indem sie zuerst einmal eine weitere Schule besuchen wollen. So kommt es nicht selten vor, dass viele die Matur als nächstes Ziel angeben, auch solche Jugendliche, die vom Verhalten und von den Leistungen her gesehen dazu kaum in der Lage sind. Ohne sich im Geringsten darum zu kümmern, welche Studienrichtung oder welches Berufsziel sie danach einschlagen werden, glauben viele, nur auf diesem Weg die berufliche Zukunft gestalten zu können.

Doch die Zeiten sind vorbei, wo der Jugendliche nur unter zwei Optionen wählen konnte, entweder eine Berufslehre oder ein Gymnasium. Siehe dazu Kapitel 6 «Bildungswege».

In dieser Phase seelischer Aufbruchstimmung brauchen die Jugendlichen sanfte Unterstützung im Finden künftiger Perspektiven, damit sie in ihrem Leben einen Halt bekommen. Wie sollen sie aber Ziele anstreben können, wenn sie sich an der Schwelle zur Mündigkeit weder über sich selbst noch über die «Welt» im Klaren sind?

Unterstützen heisst hier nicht, den Jugendlichen ihre Fragen zu beantworten, sondern ihnen Wege aufzuzeigen, wie sie die Antworten zu diesen Fragen mit der Zeit selbst finden können. In Kapitel 3 werden Unterstützungsmöglichkeiten beschrieben.

Schwierigkeiten, sich mit der Berufsfindung zu befassen

Für viele Jugendliche ist es deshalb schwierig, sich mit ihrer Berufswahl zu befassen, weil sie sich in einem Alter befinden, das von Entwicklungsschritten und Veränderungen gekennzeichnet ist. Sie haben Mühe, sich zu orientieren, weil sie sich einerseits verselbstständigen wollen, andrerseits aber bis jetzt gewohnt sind, die Zukunft von Bezugspersonen planen zu lassen. Die Schüler haben es auch schwer, ihren Weg zu finden, weil sie von ihren Schulkollegen und anderen Bezugspersonen beeinflusst werden. Sie kennen die Berufswelt nicht und müssen sich weitgehend für etwas entscheiden, das ihnen zum grössten Teil unbekannt ist.

Trotz dieser Hindernisse müssen die Jugendlichen mit der Zeit wissen, welchen Platz sie einmal in der sozialen Realität einnehmen.

Die Beschäftigung mit der eigenen Zukunft löst bei den Jugendlichen Fragen und teilweise auch Ängste aus, die sich in folgenden Äusserungen zeigen:

«Bin ich überhaupt nach der Schule in der Lage, den gestellten Berufsanforderungen gerecht zu werden?» «Finde ich in meinem Wunschberuf eine Ausbildungsmöglichkeit?» «Kann ich mich verbindlich festlegen?» «Was ist heute sinnvoll zu lernen, was wird die Welt in Zukunft brauchen?» «Wie erkenne ich, ob zu mir ein handwerklicher Beruf, z. B. Schreiner, oder eine weiterführende Ausbildung, z. B. ein Gymnasium, passt, soll ich einfach dem Wollen und den Gefühlen nachgehen?» «Mir gefallen mehrere Berufe: Ich kann mich einfach für keinen entscheiden.» «Wenn ich etwas Neues sehe, habe ich oft das Gefühl, das wäre auch etwas für mich. So tauchen immer wieder neue Möglichkeiten auf, und ich bin nie sicher, was mir langfristig am besten entspricht.»

Solche und ähnliche Fragen können sich, wenn sie nicht angegangen werden, lähmend auf die Schulleistungen auswirken. Zudem besteht die Gefahr, dass man Antworten ausserhalb der Familie und der Schule sucht, was sich dann nicht immer positiv auf die weitere Entwicklung des Jugendlichen und die pädagogischen Absichten der Erzieher auswirkt.

Jede Lebensphase hat ihre besondere Aufgabe

In jeder Lebensphase hat der Mensch in seinem Werdegang «Aufgaben» zu bewältigen, welche allgemeinen menschlichen Entwicklungsgesetzen folgen. Wie diese aber bewältigt werden, ist individuell verschieden. So hat jeder Jugendliche nach der Pubertät bis zur Mündigkeit eine befriedigende Beziehung zur sozialen Realität zu finden, d. h. unter anderem, sich vom Elternhaus zu lösen und die Grundlagen für die spätere Laufbahn zu schaffen. Dies ist keine leichte Aufgabe, denn in diesem Entwicklungsschritt fühlt sich der junge Mensch plötzlich auf sich selbst gestellt. Er erlebt sich neu als Frau oder Mann, wobei die geschlechtliche Rolle erst noch errungen werden muss. Durch das Erwachen der erotischen Kräfte entstehen Spannungen im Seelischen, die erst im Laufe der Zeit durch das erstarkende Ich ausgeglichen werden können. Gefühle der Einsamkeit, des Unverstandenseins wechseln ab mit der Sehnsucht nach Freundschaft und Verständnis, Selbstüberschätzung mit Mutlosigkeit über eigenes Unvermögen und Schwäche. So versucht der Jugendliche seinen eigenen Weg zu finden in einer Welt, welche ihm diesbezüglich viele Diskrepanzen vorlebt.

In diesen Auseinandersetzungen sucht er, nachdem die eigene Urteilsfähigkeit erwacht ist, nach sich selbst, nach seiner Identität, nach dem Sinn des Lebens und letztlich nach seiner Aufgabe in der Welt.

Die zentrale Entwicklungsaufgabe des jungen Menschen zwischen 14 und 21 Jahren ist es, Antworten zu finden auf die Fragen: Wer bin ich? Was will ich? Was kann ich?

Wer sich in dieser Lebensphase nicht mit diesen Fragen beschäftigt – und sei es auch nur in der Form, dass er grosse Mühe bekundet, die Antwort nicht sofort zu finden –, der hat die Grundlage für das Bewusstwerden seines Selbst nicht gelegt.

Wer ich bin, kann nicht direkt erkannt werden, dazu braucht es Ahnung, Intuition und Gewissheit, ausgelöst durch den Prozess der Auseinandersetzung mit meiner Umwelt. Im Verlauf dieses Geschehens lernt der Jugendliche sich besser kennen. Dabei spürt er innerlich immer deutlicher, welches nun sein Weg sein kann.

In diesem Selbst- oder Berufsfindungsprozess lernt der Jugendliche sich selbst anzunehmen und seine Entscheide zu verantworten, er wird berufswahlreif. Auf dem Weg dahin müssen Erfahrungen gesammelt werden, um daraus zu lernen.

Von zentraler Bedeutung ist eine gesunde Ich-Entwicklung

Von grosser Bedeutung für das ganze weitere Leben im Hinblick auf eine gesunde biografische Entwicklung ist die Ich-Findung, das Heranreifen der Individualität des jungen Menschen während der Zeit in der Oberstufe. Sie gedeiht am besten in einem verantwortbaren Freiraum und zwischen den Polen von Anregungen und Gewährenlassen. Jedoch führt das Abwarten, bis «der biografische Punkt» eintritt, bei welchem der junge Mensch die innere Sicherheit hat, um zu merken, welche Aufgaben er ergreifen will, ohne dass er sich mit den wesentlichen Aspekten der Berufsfindung auseinander setzt, kaum zum Ziel.

Heute werden aber vom Jugendlichen vermehrt Entscheide zu einem Zeitpunkt verlangt, die ihn, von seiner inneren Entwicklung her gesehen, überfordern. Eine Schülerin in der 7. Klasse der öffentlichen Schule sollte bereits wissen, in welche Berufsmittelschule sie nach der obligatorischen Schulzeit eintreten möchte, damit sie sich durch Freifächer darauf vorbereiten kann. Solche Entscheide werden dann auf gut Glück hin getroffen, obwohl zu einem späteren Zeitpunkt auch noch andere angepasstere Wege offen stünden. Zu früh eingespannt in Ausbildungsgänge laufen Jugendliche dann Gefahr, durch befrachteten Lehrstoff und Selektionsdruck mangels Freiraum nicht zu reifen Menschen, sondern zu Anpassern zu werden. Bei der Frage des richtigen Zeitpunktes für einen Übertritt in eine Lehre oder weiterführende Schule sollte diesem Aspekt besonders bewusst Rechnung getragen werden.

Zu früh erfolgte Berufswahlentscheide müssen dann auch meist nochmals überdacht und revidiert werden. Dies braucht Zeit und Geduld vom Jugendlichen selbst wie von seinem sozialen Umfeld.

Ich-Findung und Berufswahlreife können nicht genau zu einem bestimmten Zeitpunkt hin programmiert werden. Sie sind von vielfältigen Einflüssen abhängig und nicht logisch nachvollziehbar. Sie können aber durch die Schule angeregt und durch die Eltern gefördert werden.

Die Werthaltungen der Erziehenden

Einen grossen Einfluss auf die Berufswahl des Jugendlichen hat das Menschenbild der Erzieher, welches meist unbewusst in deren Werthaltung zum Ausdruck kommt. Sehen sie im Streben des Jugendlichen nur das Resultat seiner Vererbung und Umwelteinflüsse oder sehen sie in ihm etwas, das trotz Genen und Erziehung seinen eigenen, individuellen Weg sucht. Für den Aufbau des Selbstwertgefühls Jugendlicher ist die Berücksichtigung seines in Entwicklung begriffenen geistigen Wesenskernes, seine erwachende Individualität, wichtig. Fühlen sich Jugendliche hingegen Erwartungs- oder Werthaltungen Erwachsener ausgesetzt, welche ihre Ziele im jungen Menschen verwirklicht haben möchten, kann dies bei Jugendlichen zu massiven Entscheidungsblockaden führen oder ein Vermeidungsverhalten fördern, das nichts mit Berufswahlfragen zu tun haben möchte.

Der Weg des geringsten Widerstandes

Wird die notwendige Auseinandersetzung mit sich und der Arbeitswelt nicht angeregt und gefördert, so wird sie von den Schülerinnen und Schülern eher gemieden.

Dazu drei Beispiele:

Roland besucht die 9. Klasse und will Grafiker werden. Während des Besuches eines grafischen Ateliers erst gegen Ende der Schulzeit wurde er darauf aufmerksam gemacht, dass er, um dieses Ziel erreichen zu können, vorher den Vorkurs der Schule für Gestaltung besuchen muss. Der Anmeldetermin zu diesem Kurs war aber bereits verstrichen, so dass er mangels Planung der Realisierungsmöglichkeiten ohne Ausbildungsplatz dastand.

Roger hatte sich in den Kopf gesetzt zu studieren. Obwohl er von der Lehrerschaft nur bedingt empfohlen wurde, besuchte er den Vorbereitungsunterricht für den Eintritt in eine Mittelschule. Er bestand dann die Aufnahmeprüfung nicht. Da er sich nicht weiter mit seiner Berufswahl auseinander gesetzt hatte, ging er mangels Ausbildungsziel und Ausbildungsplatz nach Ende der Schulzeit für einen Sprachaufenthalt nach Australien. Sein Vater machte sich nach seiner Rückkehr grosse Sorgen, weil sein Sohn nach Beendigung der Rekrutenschule noch keine Ausbildung beginnen konnte.

Angelika meldet sich auf Empfehlung ihrer Mutter zur Berufsberatung. Sie will Reittherapeutin werden. Ihre Eltern fanden, Angelika sollte ihr Berufsziel etwas breiter abstützen. Dazu war sie auch verbal bereit, nachdem sie erfahren hatte, dass sie sowieso für ihr Vorhaben zuerst eine Grundausbildung hätte absolvieren müssen. Nach einer vertieften Motivationsabklärung wurde ihr empfohlen, weitere für sie geeignete Berufslösungen ins Auge zu fassen. Aufgrund von Berufsbildern und Praktika, welche, auf ihre Bedürfnisse zugeschnitten, vorgeschlagen wurden, sollte sie die Vor- und Nachteile erarbeiten, um in diesem Prozess der Ich-Findung die Gründe, die zu einem Berufsentscheid führen können, herauszufinden und in einer nächsten Sitzung zu besprechen.
Angelika liess nichts mehr von sich hören. Auf Anfrage schrieb sie nach zwei Monaten, der Berufsberater sei nicht auf ihren Berufswunsch, Reittherapeutin zu werden, eingegangen und hätte ihr statt dessen Berufe aufschwatzen wollen, welche sie nicht interessierten.

Diese Beispiele zeigen die Tendenz bei einigen Jugendlichen, aus Bequemlichkeit oder einem falsch verstandenen Freiheitsstreben heraus, sich ja nicht verbindlich festlegen zu wollen. Dabei kann auch unbewusst die Angst vor dem falschen Gleis, auf das man geraten könnte, mitspielen. Siehe auch Kapitel 4 «Der Stellenwert der ersten Berufswahl».
Kommt dann noch eine Wirtschaftsfeindlichkeit gewisser Erzieher dazu, was durch gewisse Vorkommnisse im Wirtschaftsleben verständlich ist, oder fehlt die Unterstützung durch die Eltern, so wird es schwierig, die Jungen zur eigentlichen Auseinandersetzung mit ihrer biografischen Aufgabe zu motivieren.
Wer aber ziellos ist, darf sich nicht wundern, wenn er an einem anderen Ort ankommt, als es seinen inneren Intentionen entspricht.

Das Hinausschieben des Berufsfindungsprozesses

Gelegentlich wird bewusst das Einleiten eines Berufswahlprozesses hinausgeschoben, zum Beispiel mit der Begründung, die Tochter sei noch nicht reif dazu. Dabei wird aber vergessen oder übersehen, dass gerade die Berufswahl, wenn sie seriös vorbereitet erfolgt, für den Jugendlichen zu einer sehr wertvollen Hilfe bei der Selbstfindung wird, während das Hinausschieben auf später dem Jugendlichen eher eine Verstärkung seiner individuellen Probleme bringt und eine Verzögerung des sozialen Reifeprozesses.

Es geht um die Förderung der Erden- oder Berufswahlreife

Die Hinführung zur Arbeitswelt ist eine wichtige Phase in der Adoleszenz. Dabei stehen nicht die Kenntnisse über die Berufsanforderungen im Vordergrund. Konkret geht es um die Förderung der Erden- oder Berufswahlreife.
Auf dem Weg zur «endgültigen» Berufswahl hat der junge Mensch unzählige Teilentscheide zu fällen. Echte Entscheide sind nur durch eine fortgeschrittene Reife in der seelisch-geistigen Entwicklung, das heisst im Denken, Fühlen und Wollen, möglich.

Erdenreif werden bedeutet, die Möglichkeit zu haben, sich mit den Dingen, Erscheinungen und Gesetzmässigkeiten der Erde, mit anderen Menschen vertraut zu machen und ihnen empfindend, denkend und handelnd begegnen zu können.

Berufswahlreife bedeutet, sich selbst realistisch einzuschätzen, die wesentlichen Berufsstrukturen zu kennen, zu wissen, wie man zu objektiven Informationen kommt, Alternativen zum Berufswunsch zu suchen, sich entscheiden und seinen Entscheid auch realisieren zu können.

Durch die Förderung der Berufswahlreife wird das Ich des Jugendlichen gestärkt. Ich-Stärke zeigt sich jedoch nicht in erster Linie daran, «alles im Griff» zu haben, sondern in der Bereitschaft zum Risiko, im Wagemut gegenüber dem Unbekannten – und im Selbstvertrauen, sich in unbekannten Situationen respektive Tätigkeitsfeldern behaupten zu können.

Die Berufswahl-Unreife als Zeichen der Ich-Schwäche

Um die Berufswahlreife besser zu verstehen, sind die Symptome, welche auf Berufswahlunreife hindeuten, zu betrachten. Wenn sich trotz mehrmaliger individueller Beratungen Schülerinnen und Schüler nicht entscheiden können, zeigt dies aufgrund jahrelanger Erfahrungen bei Berufsberaterinnen und Berufsberatern oft folgende Symptome und Haltungen der Berufswahlunreife, als Zeichen der Ich-Schwäche:

- **Innere Passivität**
- **Vergangenheitsbezogenes, kindliches Wunschdenken, Kindlichkeit**
- **Mangel an Entscheidungsvermögen,**
- **Mangel an Durchhaltevermögen**
- **Unselbständigkeit**
- **Ablehnung von Selbsterfahrung**
- **Entmutigung**
- **Fehlen von Werthaltungen**
- **Traumhafte Erwartungen**
- **Negative Arbeitseinstellung**
- **Aggression**
- **Beziehungslosigkeit zum eigenen Tun**
- **Negative Einstellung zur Umwelt**
- **Ablehnung von Bindungen und Verpflichtungen**
- **Mangelnde Selbststeuerung**

Keine Wahl treffen zu können ist ein Zeichen dafür, dass ein Jugendlicher den inneren Anschluss noch nicht gefunden hat, dass er die innere Kraft noch nicht entdeckt hat, die ihn befähigt, biografische Entscheidungen zu treffen. Die Gefahr ist dann, dass man meint, sein Leben nach äusseren Gesichtspunkten, nach Einkommenschancen, nach Prestige, nach dem, was Spass macht usw. ausrichten zu müssen. Solche Werte können natürlich auch eine Wahl beeinflussen, letztlich geht es aber um die Frage: Was will ich, was ist einmal meine Aufgabe in dieser Welt, wo liegt meine Sehnsucht, mein Weg? Das Streben nach Antworten auf diese Fragen lässt mich Widerstände, die sich auf dem Lebensweg entgegenstellen können, besser überwinden.

Während eines Elternabends in einer 8. Klasse einer öffentlichen Schule fragt eine Mutter den anwesenden Berufsberater: «Soll unsere Tochter noch zur Berufsberatung kommen, wenn sie weiss, was sie will?» «Was will sie denn?» Auf die Frage des Beraters kam die Antwort «Gärtnerin», und weiter: «Wissen Sie, schon seit der 7. Klasse pflegt meine Tochter regelmässig die verschiedensten Pflanzen in ihrem Zimmer. Zudem hat sie bereits eine Schnupperlehre in einer Gärtnerei gemacht und ist von der Lehrmeisterin begeistert. Sie kann dort nach der Schule eine Lehre beginnen.» Der Berater machte darauf aufmerksam, dass sich Entscheide in diesem Alter mit der Zeit noch ändern können. Wenn aber die Mutter das Gefühl habe, der Beruf passe zu ihrer Tochter und diese von diesem Beruf überzeugt sei, müsse sie nicht in die Beratung kommen.

Zwei Jahre später erscheinen Mutter und Tochter verunsichert und etwas hilflos beim Berufsberater. Sicher ist nur der Abbruch des Lehrverhältnisses als Gärtnerin. Die Mutter kann diesen Wandel nicht begreifen, nachdem doch ihre Tochter so begeistert war vom Lehrbetrieb und sogar schon während der Schulzeit der Lehrmeisterin Grusskarten aus den Ferien schrieb. Sie habe seit Beginn der Lehre jedoch feststellen müssen, wie ihre Tochter immer stiller und verschlossener wurde, obwohl sie vom Charakter her eine aufgestellte und fröhliche Person sei. Die Tochter selbst schildert, wie ihr im Fachunterricht der Berufsfachschule beim Behandeln der Pflanzen plötzlich bewusst geworden sei, dass sie gar keine nähere Beziehung zu dieser Materie hatte.

Fazit: Ohne echte Auseinandersetzung mit sich und der Berufswelt – dazu war sie von der Reife her noch gar nicht in der Lage – war bei ihr die Beziehung zur Lehrmeisterin wichtiger als der Beruf selbst. Die Bereitschaft, sich mit einer Autorität aufgrund der noch stark wirkenden Sympathie- und Antipathiekräfte, wie sie im zweiten Jahrsiebt üblich sind, zu identifizieren, verunmöglichten ihr die Identifikation mit den Berufsinhalten.

Die Fähigkeit, sich zu etwas zu bekennen, etwas zu bewerten, ist erfahrungsgemäss erst im fünfzehnten Altersjahr möglich.
Werden von Jugendlichen Entscheide zu einem Zeitpunkt verlangt, in dem sie reifemässig dazu gar nicht in der Lage sind, werden sie zu früh festgelegt und eine echte Auseinandersetzung mit ihren Willensimpulsen wird behindert. Ein angepasstes, unreflektiertes Ich widerspricht aber den Erfordernissen der späteren Arbeitswelt nach selbstständigem, verantwortungsbewusstem Handeln, wie es durch die verschiedenen fachübergreifenden Schlüsselkompetenzen in der Wirtschaft gefordert wird. Siehe dazu Kapitel 5 «Welche Qualifikationen werden in der Arbeitswelt verlangt?».

Die Fähigkeit, selbstständig zu handeln und Verantwortung für eigene Entscheide zu übernehmen, erwacht gegen das achtzehnte Jahr, wenn der Jugendliche entsprechend gefördert wird und Gelegenheit bekommt. Beim ersten Mondknoten merkt der junge Mensch oft erst, was er anpacken will. Da ist die Persönlichkeit gefestigter. Nicht von ungefähr treten viele Jugendliche erst nach verschiedenen Zwischenjahren ihre Ausbildung an oder wechseln nach dem ersten Lehrjahr ihre Ausbildung. Viele Ausbildungsinstitutionen, z. B. im sozialen Bereich, bevorzugen Jugendliche im reiferen Alter.

2. Stationen auf dem Weg zum geeigneten Beruf

Auf welche persönlichen und beruflichen Merkmale kommt es an?

Es gibt Jugendliche, die schon früh wissen, was sie einmal werden wollen. Ihre Berufswahl bietet keine besonderen Probleme. Andere sind weit über das Jugendalter hinaus auf der Suche nach ihrer Aufgabe in der Welt.

Dann kommt es vor, dass Leute nach einer angesehenen Karriere in ihrer Lebensmitte verunsichert werden beim Gedanken: «Bin ich nur das, was ich durch meinen Beruf repräsentiere, oder bin ich darüber hinaus noch etwas mehr?» In dieser Verunsicherung können plötzlich verdrängte Träume und Ideale vom Jugendalter wieder auftauchen und den Berufsmann oder die Berufsfrau dazu führen, die ganze Berufs- und Lebenssituation neu zu überdenken. Die Auseinandersetzung mit sich, die eventuell in jungen Jahren nicht stattgefunden hat, wird nun nachgeholt. Entweder wechselt man seinen Beruf trotz Unverständnis der Umgebung, um endlich das ausüben zu können, was man schon immer wollte, oder man sieht seinen weiteren Weg im angestammten Beruf. Nach reiflichen Überlegungen der Vor- und Nachteile eines Wechsels kann auf einer höheren Bewusstseinsebene plötzlich der Sinn des eigenen Tuns für die Gemeinschaft aus einer anderen Perspektive betrachtet aufleuchten.
Wie auch immer, jede Entscheidung und jede echte Wahl braucht ihre Vorbereitung. Auf die Berufswahl bezogen heisst dies für Jugendliche, sich bewusst zu werden, welche Interessen und Fähigkeiten bei ihnen im Vordergrund stehen und welche beruflichen Möglichkeiten diesen persönlichen Eigenschaften am ehesten entsprechen. Der Entscheid, nach der obligatorischen Schulzeit ein Gymnasium zu besuchen, ohne vorherige Auseinandersetzung mit seinem Berufsziel, hat mit Berufswahlvorbereitung nichts zu tun. Wollen solche Jugendliche nicht später zu den mehr als 30 Prozent von Studenten gehören, welche ihre Studien vorzeitig mangels Motivation abbrechen, sollten sie sich vorher mindestens Gedanken darüber gemacht haben, welche Berufsmöglichkeiten Absolventen und Absolventinnen eines universitären Studiums offen stehen, um sich für eine der über 100 Fachrichtungen entscheiden zu können.

Im Hinblick auf die knapper werdenden Finanzen schauen Ausbildungsverantwortliche und Stellenanbieter, die Berufsleute nach einem Studium oder einer Berufslehre einstellen, neben der geeigneten Vorbildung vermehrt auf die Motivation, um Falschbesetzungen mangels Leistungswillens zu minimieren. Stellenbewerberinnen und -bewerber, die wissen, was sie wollen, und dies entsprechend kommunizieren, sind deshalb in Selektionsverfahren bei Personalverantwortlichen im Vorteil.

Bis es aber so weit ist, dass ein Schüler oder eine Schülerin weiss, welchen Beruf er oder sie ergreifen will, kann es Monate oder in einzelnen Fällen Jahre dauern.

Ohne spezifische Kenntnisse der eigenen Bedürfnisse und Kenntnisse der Berufswelt ist dies nicht möglich. In diesem Zusammenhang besteht für viele Jugendliche und deren Eltern die Frage, auf welche persönlichen und beruflichen Merkmale es ankommt, um einmal die innere Sicherheit im Entscheiden zu erlangen.

Wie die Erfahrung zeigt, ist es für viele vor der ersten Berufswahl Stehende eine grosse Hilfe, wenn sie erst einmal merken, in welche Richtung sie für eine Aufgabe in der Welt Ausschau halten sollen. Wesentlich ist deshalb als erster Anhaltspunkt, von seinen Interessenschwerpunkten oder seelischen Grundtendenzen auszugehen, wie sie im zweiten Teil dieses Kapitels beschrieben werden. Denn wer einmal seine Stossrichtung entdeckt hat, kann sich nachher zielgerichteter in der Arbeitswelt nach geeigneten Tätigkeiten umsehen. Wer jedoch so vorgeht, dass er zuerst nach einem für sich infrage kommenden Beruf sucht, kann leicht, ob des immensen Ausbildungsangebots, in Verwirrung geraten und vor lauter Bäumen den Wald nicht mehr sehen. Solange der Jugendliche seine Interessen nicht kennt, werden die vielen Berufsmöglichkeiten auch keine Resonanz in seiner Seele auslösen können.

Viel erfolgversprechender ist es, sich zuerst einen Überblick über die Berufs- oder Studienrichtungen zu verschaffen und deren Inhalte mit seinen eigenen Interessenschwerpunkten zu vergleichen, um sich so als

Erstes für Berufsrichtungen zu entscheiden, welche am ehesten zu einem passen. In einem nächsten Schritt sind die in diesen Berufsrichtungen möglichen Berufe oder Studiengänge unter die Lupe zu nehmen, Vor- und Nachteile abzuwägen, um das Wahlangebot einzugrenzen.

Erst wenn der Jugendliche nach verschiedenen Teilentscheiden Berufe in die engere Wahl genommen hat, sind die dazu benötigten Fähigkeiten in Betracht zu ziehen. Diese geben Hinweise, auf welchem Bildungsweg und mit welchem Bildungsniveau ein gewähltes Berufsziel erreicht werden kann. Denn wer einmal von seiner Berufswahl überzeugt ist, ist eher bereit, eventuelle Lücken auszugleichen und Schwierigkeiten zu überwinden, als wer nur aufgrund seiner Fähigkeiten eine Wahl trifft und die Motivation dazu fraglich ist.

Die Berufsfindung gleicht einer Entdeckungsreise, ähnlich der von Christoph Kolumbus. Bevor er mit seinem Schiff «Santa Maria» losfuhr, wurde deutlich, worauf es ankam, nämlich:

1.
Ein globales Ziel haben, damit die Kompassrichtung eingestellt werden kann.

2.
Ungefähr wissen, mit welchen Problemen man zu kämpfen haben wird, damit man einigermassen vorbereitet ist:

- Strömungen
- Winde
- Qualität der Leute
- zur Verfügung stehende Mittel

3.
Die Instrumente besitzen, um die eigene Position zu bestimmen und auszuwerten:

- Was war bis jetzt?
- Wo sind wir im Moment?
- Wie geht es weiter?

2.1 Das Steuer selbst in die Hand nehmen

Wer sein Lebensschiff durch die verschiedenen Strömungen in der Arbeitswelt einigermassen schadlos steuern will, muss seine Navigationsgeräte im Meer der beruflichen Möglichkeiten richtig einstellen können (Motivation) und seine Mannschaft gut kennen (Fähigkeiten). Ähnlich wie Kolumbus, der seinerzeit mit dem Ziel, Indien zu entdecken, seine Segel in die entsprechende Richtung setzte, muss der junge Mensch zu gegebener Zeit seine Fahrt mutig beginnen im Bewusstsein, dass die Sicht auch einmal durch Nebel verdeckt sein mag oder unvorhergesehene Hindernisse zu einem Kurswechsel zwingen können. Sollte es einmal wegen eines Sturmes hoffnungslos aussehen, kann er sich auf seine Schwimmweste verlassen, die zusammengesetzt ist aus seinen Lebenserfahrungen, dem Vertrauen zu sich selbst und der Zuversicht, dass sein Vorhaben letztendlich gelingen möge. Im Laufe seiner Fahrt wird es aber auch Zwischenhalte brauchen, um die Segel wieder neu zu setzen. An solchen Ankerplätzen des Lebens werden dann Kräfte bewusst, die sich in den Lebensstürmen durch die Auseinandersetzung mit äusseren Widerständen und innerem Ringen gebildet haben.

Kräfte, welche Entscheidungen beeinflussen

Wer oder was und welche Instanz entscheidet letzten Endes über eine Wahl? Dieser Frage versucht man in unzähligen Berufswahltheorien durch wissenschaftliche Untersuchungsresultate auf die Spur zu kommen. Von entscheidender Bedeutung im Suchen nach Antworten zu solchen Fragen und für die Unterstützung der Jugendlichen in ihrer Berufsfindung ist das Menschenbild der Erzieher. Ist der Jugendliche nur das Produkt seiner Vergangenheit durch Vererbung und Umwelt? Wenn dem so wäre, würde es für das Treffen einer Berufswahl ausreichen, nach der Reiz-Reaktionsmethode den Jugendlichen mit möglichst viel Berufsinformationen zu überschütten. Oder ist etwas in ihm, das trotz Genen und Erziehung seinen eigenen Weg sucht? Was wäre dieses Etwas?

Für den Aufbau des Selbstwertgefühls und der Identitätsfindung, das heisst auch für die Berufsfindung Jugendlicher, sind vier Kraftfelder massgebend beteiligt, nämlich die innerseelischen Kräfte, welche sich durch das Begehren einerseits und andrerseits durch das Urteilen manifestieren, siehe Skizze 1.

Skizze 1

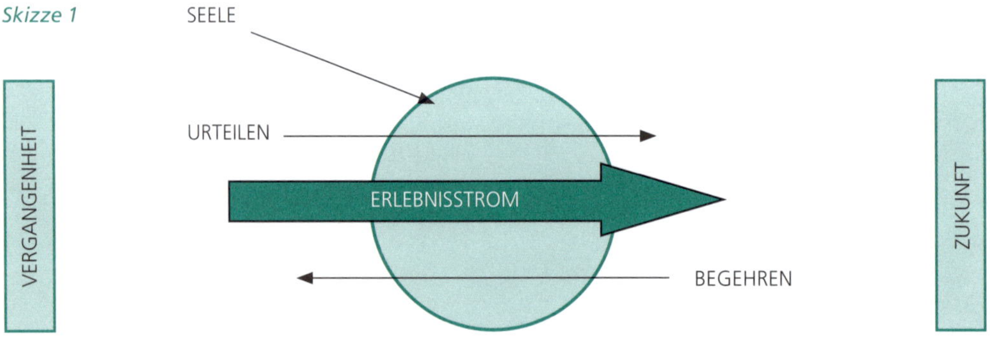

Dann die Kräfte, die auf die Seele einwirken wie der menschliche Körper, der mit seinen Vererbungskräften und den Sinnen der Umwelt ausgesetzt, aufgrund neuer Erfahrungen die Bausteine zur seelischen Entwicklung liefert.

Dann das Ich, als Zentrum des menschlichen Bewusstseins, das sich Ziele setzt, siehe Skizze 2.

Skizze 2

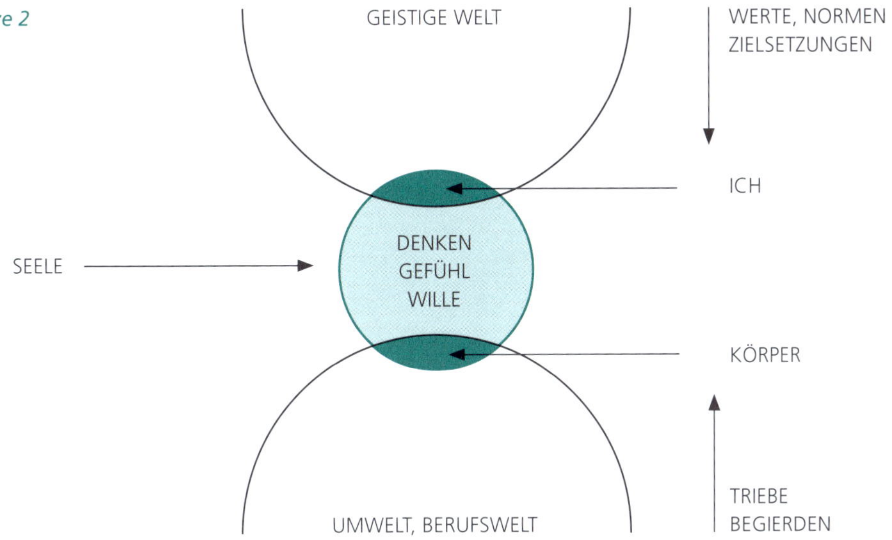

Diese vier Kraftströmungen wirken polarisierend als Kraftkomplex auf unterschiedliche und vielfältige Art in der Seele aufeinander.

Die innerseelischen Kräfte

Das ganze Seelenleben setzt sich aus verschiedenen Kombinationen von Begehren (Interessiertheit) und Urteilen zusammen.
Fortwährend hat der Mensch Erlebnisse von Sympathie und Antipathie als Folge des Begehrens. Fortdauernd urteilt er, während er seelisch lebt. Jedes Urteil führt zu einer Vorstellung. (Hier ist das Urteil als Funktion verstanden und nicht als Resultat einer logischen Folgerung.)
Die Wirkung von jedem Urteil trägt der Mensch in seiner Seele in Form einer Vorstellung fort, die im Laufe des biografischen Lebens einen fliessenden Strom darstellt. Dieser Erlebnisstrom (Skizze 1), welcher von der Vergangenheit in die Zukunft fliesst, ist auch Träger von Erinnerungen. Die wenigsten Seelenerlebnisse sind uns jedoch bewusst. Nur diese Erlebnisse können wieder erinnert werden, welche das Ich bewusst beleuchtet hat.
Für die Berufsfindung ist die Spiegelung dieser Vergangenheitserlebnisse, die Förderung der Selbsterkenntnis, für den Jugendlichen zentral.

Je nachdem wie die Erlebnisse von Sympathie und Antipathie wirken, ist die Seele des Jugendlichen an der Aussenwelt interessiert. Urteilsfähigkeit und Interessiertheit sind zwei im seelischen Erleben verschieden wirksame Kräfte und massgebend für die Berufsfindung.

Die Kräfte, welche auf die Seele einwirken

Über den Körper durch das Tor der Sinne wirkt die Umwelt auf die Seele ein. Mit seinem Körper ist der Mensch einerseits den Vererbungskräften unterworfen, bei denen sich u. a. Trieb und Triebbefriedigung ablösen, die Konstitution sich entwickelt. Andrerseits wird der Mensch über die Sinne Lebenssituationen ausgesetzt, welche ihn prägen. Dabei spielt das Milieu, die Familie, in welche ein Jugendlicher hineingeboren wurde, eine wichtige Rolle. Ob er zum Beispiel als Einzelkind aufwuchs oder in der Geschwisterreihe als erstes oder jüngstes Kind geboren wurde. Wie hat der Erziehungsstil das Temperament beeinflusst, welches u.a. die Grundlage der im späteren Berufsleben geforderten Sozialkompetenzen bildet.

Auch der Geburtsort, die Rasse usw. haben wesentlichen Einfluss.
Die andere Kraft kommt aus dem geistigen Bereich. Der menschliche Geist wird als das eigentliche individuelle Ich empfunden, das bewusst und unbewusst unsere Biografie steuert und ihr eine Richtung gibt. Das individuelle (nicht angepasste) Ich richtet sich auf die Zukunft des Lebens, es ist zielorientiert. Ein Lebensziel kann als Berufung empfunden werden, es kann als Lebensplan erdacht sein oder willentlich als Lebensweg gewählt werden.

Wie können Eltern ihre Jugendlichen unterstützen, wenn diese noch keine Ziele haben?

Es geht darum, die jungen Menschen vor der Berufswahl zu animieren, ihr Ich abwechslungsweise bewusst nach aussen auf die Arbeitswelt mit ihren Anforderungen und nach innen auf sich selbst zu richten. In der Extraversion, wo sich die Seele mit den Sinnen auf die Umwelt richtet, empfindet sie Sympathie oder Antipathie. Nach innen gerichtet, in der Introversion, erfährt sie Erinnerungen, Gedanken, Gefühle, Wünsche, Erfahrungen und Strebungen, zumindest solange sie bewusst ist.
Dort, wo sich beim Jugendlichen die Vorstellungen der Innenwelt mit den Vorstellungen der Aussenwelt treffen, erlebt er seine Identität (wie innen, so aussen). Daraus entwickeln sich individuelle Entscheide, welche zur Berufswahl führen.
Solange die inneren Erfahrungen mit den äusseren Erfahrungen korrespondieren, fühlen wir uns sicher. Wenn jedoch dieses Verhältnis aus dem Gleichgewicht gerät, fühlt sich der Mensch in seiner Identität verunsichert. Auf die Berufswahl bezogen, ist dies bei Jugendlichen der Fall, wenn sie sich für eine Welt entschliessen müssen, welche sie noch gar nicht kennen.

2.2 Welche seelischen und beruflichen Merkmale sind wichtig, um die Brücke zur Berufswelt schlagen zu können?

Da die Entwicklungsphasen beim Jugendlichen im dritten Jahrsiebt von Veränderungen gekennzeichnet sind und er nach seiner eigenen Identität sucht, ist es in dieser Situation für ihn nicht leicht, sich auch noch realistische Vorstellungen über seine Interessen und Bedürfnisse, die sich in seinen Willensimpulsen äussern, und über die Berufswelt zu verschaffen. Am ehesten kann er sich an die Beurteilung seiner Fähigkeiten, z. B. an Zeugnisnoten, halten. So sagen etwa Jugendliche: «Was ich gut kann, macht mir auch Spass.» Die Frage ist, für wie lange? Von seinen Fähigkeiten auf die Berufswahl zu schliessen, würde heissen, sich mit seiner Vergangenheit auseinander zu setzen, denn Fähigkeiten sind das Resultat der Vergangenheit, sie sind schon da. Ziele, welche in die Zukunft weisen und seelische Entwicklung ermöglichen, gehen vom Ich und den seelischen Grundtendenzen (Interessenschwerpunkten) aus und müssen erarbeitet werden, dies kann ganz schön anstrengend sein. Die seelischen Grundtendenzen weisen die Richtung, die Fähigkeiten geben Hinweise, auf welchem Niveau die Interessen gelebt werden können.

Ein Oberstufenschüler fiel durch seine ausserordentlichen zeichnerischen Fähigkeiten auf. Sein Vater schickte ihn deshalb zu einem näheren Bekannten, der ein grafisches Atelier leitete, in der Absicht, sein Sohn könnte sich dort für den Beruf des Grafikers erwärmen. Auf die Frage, wie es ihm gefallen habe, meinte der Sohn bei seiner Rückkehr: «Das kann ich ja schon, ich will etwas lernen, was ich noch nicht kann.» Er entschloss sich, Tierarzt zu werden, obwohl er von den intellektuellen Fähigkeiten her gesehen in der Oberstufe nur durchschnittliche Leistungen erzielte. Da er in der Folge den Eintritt in ein öffentliches Gymnasium nicht schaffte, holte er, dank seines Fleisses und seiner Arbeitshaltung, sein Reifezeugnis in einer Privatschule nach. Das anschliessende Veterinärstudium bereitete ihm grosse Mühe. Die erste Prüfung hatte er nicht bestanden, und er musste diese wiederholen. Auch das Staatsexamen hatte er nicht auf Anhieb geschafft und musste sich nach einem weiteren Semester erneut prüfen lassen, bis er nach einer Serie von Fleissleistungen, dank seiner Motivation, sein Ziel, als Tierarzt arbeiten zu können, erreicht hatte.

Wenn sich in der Adoleszenz die Ideale als Leitbilder noch zu keinem Leitmotiv für die Berufswahl ausgeformt haben und das Hinwenden zu selbst gesetzten Lebenszielen noch verfrüht ist, bestimmen die seelischen Grundtendenzen in hohem Masse die Wahl eines Studiums oder eines Berufes.

Jeder Mensch ist eine einmalige Persönlichkeit mit ihrem Innenleben und Schicksal. Daneben begegnen uns bei verschiedenen Menschen immer wieder ähnliche Charakteranlagen, die ihr Innenleben wie auch ihr Verhalten prägen.

So gibt es zum Beispiel Menschen, die in ihrer Grundtendenz zum Forschen neigen. Sie sind interessiert an dem, was hinter den Dingen und Erscheinungen verborgen liegt, wie etwas funktioniert. Sie können mit Ausdauer einer Sache auf den Grund gehen und wollen aus den Zusammenhängen die Einzelheiten erklären.

Bei anderen Menschen kann man die Tendenz zur Fürsorge beobachten, ihnen liegt alles am Herzen, was gedeiht. Sie wollen Bestehendes erhalten und pflegen und haben auch eine gute Beziehung zur Natur. Sie passen sich gerne an und möchten viel aus der Umwelt aufnehmen, um es zu bewahren. Sie lieben die Gemütlichkeit und den Kontakt im Freundeskreis. Ihr Gefühlsleben richtet sich auf den reibungslosen Ablauf der täglichen Dinge.

Dann gibt es solche, welche sich gerne denkerisch mit der Umwelt auseinander setzen. Sie fühlen den Drang, Kenntnisse und Ideen in Systemen und Theorien zu ordnen und in globalen Zusammenhängen zu sehen. Detailwissen interessiert sie weniger. Erscheinungen versuchen sie so zu ordnen, dass sie stets den Überblick behalten. Souverän versuchen sie andere für ihre Ziele zu überzeugen und übernehmen auch gerne Verantwortung.

Eine andere Grundtendenz zeigt sich in der Pflege von zwischenmenschlichen Kontakten. Solche Menschen vermitteln gerne und können so Menschen mit unterschiedlichen Überzeugungen zusammenführen. Sie sind dynamisch, flexibel, weltoffen und wissen Bescheid über aktuelle Vorgänge und über Menschen. Mit ihrem Taktgefühl möchten sie mit jedermann auf gutem Fuss stehen. Sie lieben die Abwechslung und die Kommunikation.

Dann gibt es die «Macher». Für sie ist die Welt da, um etwas zu unternehmen. Theorien interessieren sie wenig, das Praktische, Realisierbare liegt ihnen am Herzen. Sie wirken gerne auf ihre Umgebung ein, um diese zu verändern, zu ordnen und zu beherrschen. Durch ihr Organisationstalent verspüren sie oft den Drang, in den Lauf der Dinge einzugreifen. Wegen ihrer Impulsivität geraten sie manchmal in Konflikt mit ihrer Umgebung. Sie wirken mit ihrem kämpferischen Gemüt und ungeduldigen Wesen leicht aggressiv, wenn es einmal nicht nach ihrem Willen geht.

Eine andere Grundtendenz zeigt der sozial Empfindende. In seiner Art schafft er gerne eine Umgebung, in welcher sich andere wohl fühlen. Im Vordergrund seines Interesses steht der Mitmensch und alles, was sich in seinem sozialen Umfeld abspielt. Er kann die Situation der Menschen gut einschätzen und er weiss instinktiv, was ihnen hilft. Ihnen zuliebe kann er auch Opfer bringen. Er wirkt eher im Stillen und kann sich mit Hingabe einer Aufgabe widmen.

Jede dieser Grundtendenzen besitzt ihre Eigenart, ihre Stärke und Schwäche, die sich im Verhalten eines Menschen manifestieren. Sie zeigen sich als ordnende Prinzipien von Seelenregungen und lassen sich wie Grundfarben in all ihren Abstufungen erkennen.

Das Ich ist von solchen Grundtendenzen abhängig wie zum Beispiel ein Cellist von den Eigenschaften seines Cellos, er muss lernen, mit dessen Qualitäten umzugehen und sie einzusetzen.

Selbstverständlich haben auch die Vergangenheitskräfte, die sich durch das Temperament aus dem zweiten Jahrsiebt bemerkbar machen, und die mitgebrachten Fähigkeiten und Talente Einfluss auf die Berufsfindung.

Bei der Berufsfindung sind zum Bestimmen der beruflichen Richtung die vorherrschenden, dominierenden Grundtendenzen wichtig. Für Jugendliche mit einer vorherrschenden Grundtendenz ist die Berufsfindung kaum mit grossen Schwierigkeiten verbunden. Ein Mensch mit einer vorwiegend pflegenden Grundtendenz wird immer das Bedürfnis verspüren, Lebendiges zu nähren, zu versorgen und zum Wachsen zu bringen, sei es in der Erziehung, in der Landwirtschaft, im pflegerischen Bereich usw. Jemand, der eine forschende Grundtendenz besitzt, wird der Tendenz nach immer den Drang zum Forschen haben, sei es als Naturwissenschafter, Analytiker oder Koch, der nicht nur nach Rezepturen kocht, sondern versucht, durch neue «Erfindungen» seinen Gerichten eine persönliche Note zu geben.
Für solche, die mehr als eine dominierende Grundtendenz in sich spüren, wird eine Wahl schwieriger. Hier ist eine gründliche Abklärung wichtig, um z. B. in einer Laufbahnberatung aufzuzeigen, wie Tendenzen, welche in der Grundausbildung nicht berücksichtigt werden können, bei entsprechender Weiterbildung oder in der Freizeit zu Fähigkeiten gewandelt werden können. Grundtendenzen, welche bewusst gemacht und individualisiert werden, entwickeln sich zur schöpferischen Kraft, ohne Individualisierung bleiben sie Anlage. Seelische Grundtendenzen können auch schon im Spiel des Kindes durchschimmern, vor allem, wenn es für sich alleine spielt. Nicht in erster Linie in dem, was es spielt, sondern wie es spielt.
Ein Beispiel: Johannes besucht ein Gymnasium und befasst sich mit der Frage, welche Studienrichtung er einschlagen möchte. Befragt, mit was er als Kind gespielt hätte, meinte er: «Als kleiner Bub habe ich einen Stall mit vielen Tieren erhalten. Nach dem Spielen, wenn ich am Abend ins Bett musste, ging ich immer vorher nochmals zum Stall und schaute, ob auch alle Tiere schön ausgerichtet dastanden. Wehe, wenn eine Kuh schräg vor dem Futterbrett stand, sie wurde eingeordnet.
Nachher erhielt ich eine elektrische Eisenbahn. Stunden- und tagelang konnte ich mich verweilen mit dem Aufbau einer Landschaft mit Brücken und Tunnels, in welche dann meine Bahn ihre Kurven ziehen sollte. Wenn ich dann mit einem solchen Landschaftsrelief fertig war, interessierte mich die Bahn nicht mehr

besonders. Später entschloss ich mich bei der Wahl eines Musikinstrumentes für die Klarinette, weil man auf dieser klare Töne spielen konnte. Bei der Geige musste man immer greifen und die Töne suchen.» Johannes entschloss sich zu einem Studium in Richtung Landschaftsplanung.

Der Einfluss der seelischen Grundtendenzen auf die Motivation

Jeder Mensch besitzt Grundtendenzen als Dispositionen seiner Seele. Doch sind diese für jeden sehr unterschiedlich bemessen und stehen auf qualitativ verschiedenen Entwicklungsstufen. Die Eigenart unserer Anlagen, ihre Reife, Konstellation und ihre Wechselverhältnisse mit der Aussenwelt bestimmen unser Innenleben (persönliche Identität). Dabei entwickelt jeder Mensch bestimmte Bedürfnisse und Interessen (Begehren).

Anlagen sind lebendige Kräfte, die nach Betätigung drängen. Jede Kraft strebt danach, sich ihrer Qualität und Reife gemäss auszuwirken, und zieht, wie ein Magnet, entsprechende Erfahrungen im täglichen Leben an.

Die Kunst der Berufswahlvorbereitung ist es, durch entsprechend eingeleitete Aktivitäten den Jugendlichen diese Grundtendenzen bewusst zu machen. Die Fachkraft der Berufsberatung hilft dabei, wo nötig, Einsatzbereiche in der Arbeitswelt zu finden, in welchen sich diese Tendenzen weiterentwickeln können.

Seelische Grundtendenzen in Bezug auf Berufsrichtungen

Am Anfang des Berufsfindungs-Prozesses ist es erfahrungsgemäss für Jugendliche eine grosse Hilfe, wenn sie Anhaltspunkte für ihre seelischen Grundtendenzen, d. h. über ihre vorwiegenden Interessen, und über entsprechende Tätigkeitsfelder in der Berufswelt erhalten, mit denen sie sich identifizieren können. Denn wenn sie einmal ihre Stossrichtung erkannt haben, wissen sie, in welchen Bereichen oder Branchen sie ihre Berufsmöglichkeiten auskundschaften können, um so individuell eine erste Brücke zur Arbeitswelt zu schlagen. Infolge mangelnder Berufs- und Lebenserfahrung ist es jedoch für Jugendliche in der Regel nicht leicht, ihre seelischen Grundtendenzen respektive ihre richtungweisenden Interessen zu entdecken und daraus den Weg in der Berufswelt zu finden. Aus der Erkenntnis dieser Tatsache wurden verschiedene Modelle entwickelt, welche die seelischen Grundtendenzen zu Interessengruppen bündeln, die einen Bezug zu Berufsfeldern oder Branchengruppen in der Berufswelt haben.

Erwin Egloff, Psychologe und Berufsberater, stellte sich aus seiner langjährigen Erfahrung in der Berufsberatung und im Bereich der Berufswahlvorbereitung die Aufgabe, ein Arbeitsinstrument zu schaffen, das es den Jugendlichen im Berufsfindungsprozess ermöglicht, sich eigenständig ein Bild ihrer Interessen respektive ihres Begehrens zu erarbeiten und von diesen Interessen her Beziehungen zu entsprechenden Berufsfeldern herzustellen. In einem Interessenfragebogen, der in den meisten Oberstufen durch dafür qualifizierte Lehrkräfte mit den Jugendlichen bearbeitet wird, werden berufliche, Schul- und Freizeitinteressen erfasst sowie Fähigkeiten und Fertigkeiten eingeschätzt, welche vom Erlebnisbereich der Jugendlichen ausgehen und die zu Berufsfeldern eine Brücke schlagen. Es würde wenig Sinn machen, Jugendlichen, die noch keine oder nur wenig Erfahrungen in der Berufswelt haben, Fragen mit beruflichen Inhalten vorzulegen, die sie höchstens mithilfe von Mutmassungen beurteilen können.
Nach der Beantwortung der Fragen können die Jugendlichen ihr ganz persönliches Interessenprofil herausarbeiten. Darauf aufbauend, als Interessenkompass benutzt, wird es möglich, eine entsprechende Suchstrategie in Richtung Berufslehre oder Studium zu entwickeln.

Berufsinteressenfelder nach Egloff

Bedürfnis nach	Interessenschwerpunkte	Berufsfelder u. Berufsgruppen nach Interessenschwerpunkten
Erhaltung und Nutzung der natürlichen Umwelt	Im Freien sein, naturbezogen arbeiten, Umgang mit Pflanzen, Tieren, Naturprodukten	– Arbeitsplätze im Freien – Naturberuf in Landwirtschaft, Gartenbau, Forstwirtschaft, Tierhaltung – Naturwissenschaftliche Berufe
Nahrung	Mit Nahrungs- u. Genussmitteln arbeiten (kochen, backen usw.), Gastlichkeit pflegen	– Ernährungsberufe – Nahrungs-, Genussmittelherstellung – Gastgewerbe und Hauswirtschaft
Gestaltung und Darstellung	Gestalten, verschönern, zeichnen	– Handwerkliches Gestalten mit Materialien – Textil- u. Modebranche, Schönheitspflege – Grafisches Gewerbe, Freihandzeichnen – Künstlerisches Gestalten
Wohnraum und wohnliche Einrichtungen	Handwerklich und körperlich arbeiten, bauen, einrichten, montieren, z. T. an wechselnden Arbeitsplätzen	– Verschiedene handwerkliche Berufe – Bauberufe und Berufe der Haustechnik – Holzbearbeitung u. Innenausbau
Produktion von technischen Einrichtungen und Hilfsmitteln	Praktisch zu tun haben mit Apparaten, Maschinen, Fahrzeugen, Herstellung technischer Produkte	– Berufe mit handwerklicher Metallbearbeitung – Industrielle Produktion – Montieren, Reparieren – Mechanik, Elektromechanik, Elektronik
Planung und Berechnung von technischen Einrichtungen und Hilfsmitteln, Nutzung von Energiequellen	Planen, berechnen, konstruieren, untersuchen, forschen, umgehen mit Daten, Zahlen, Ideen	– Technische Zeichnerberufe, Konstruktion – Techniker und technische Studienberufe – Berufe im Labor u. naturwissenschaftliche Berufe – Computerberufe im technischen Bereich
Gesicherte Versorgung mit Gütern aller Art	Waren u. Dienstleistungen einkaufen, verkaufen, vermitteln, verwalten, Verkehr und Sicherheit	– Verkaufsberufe und kaufmännische Berufe – Berufe rund um den Verkehr – Berufe im Dienste von Ordnung u. Sicherheit – Computerberufe im wirtschaftlichen Bereich
Information und Erklärung (sprachliche, geschichtliche, künstlerische, religiöse Interpretation)	Mit der Sprache (oder Sprachen) arbeiten, forschen, bilden, informieren, unterhalten, interpretieren	– Berufe mit Sprachen, im Nachrichtenwesen, mit Literatur, Geschichte, Religion, Kunst
Mitmenschlicher Kontakt, Gesundheit, Bildung, Wohlergehen	Mit Menschen zu tun haben, anleiten, beraten, betreuen, pflegen, unterrichten	– Kontaktberufe aus allen Branchen – Berufe des Gesundheitswesens – Beratung, Betreuung, Erziehung, Unterricht

Egloff, Erwin, *«Das Berufswahltagebuch»*, Arbeitsheft für Schülerinnen und Schüler zur Berufswahlvorbereitung, Lehrmittel der Interkantonalen Lehrmittelzentrale.

Ein weiteres Arbeitsmittel zur Förderung der Berufswahlreife u. a. mit Persönlichkeitsanalyse und Überblick über 22 Berufsfelder nach Zihlmann, ist folgendes Arbeitsheft: Schmid, Reinhard; Barmettler, Claire, *«Wegweiser zur Berufswahl»*, S&B Verlag, Institut für Berufs- und Lebensgestaltung.

Wann sind Interessen mehr als nur das Resultat einer oberflächlichen Beeinflussung?

Interesse, vom Lateinischen «inter-esse» abgeleitet, bedeutet dazwischen sein, dabei sein. Interessen werden definiert als Verhaltens- und/ oder Handlungstendenzen, welche auf Dinge, Tätigkeiten oder Erlebnisse gerichtet sind. Bei einer Sache bin ich dabei, wenn sie aufgrund meines Begehrens Sympathien auslöst und für mich deshalb persönlich einen Wert hat und somit von Bedeutung ist.

Interessen entwickeln sich in der Auseinandersetzung und der Wechselbeziehung mit seinem Selbst und der Umwelt. Sie sind deshalb wandelbar und bei Jugendlichen in der Identitätsfindung oft auch von alterstypischen Entwicklungen abhängig.

Berufsrelevante Interessen können durch folgende Merkmale erkannt werden:

An der Ernsthaftigkeit des Einsatzes, wenn z. B. Jugendlichen eine Sache oder eine Beziehung so viel wert ist, dass sie dafür einige Anstrengungen auf sich nehmen.

An der Konstanz, wenn sie beispielsweise eine Sache oder ein Projekt über eine längere Zeitspanne hin mit Ausdauer verfolgen.

Am Resultat, wenn sie z. B. ein Ergebnis ihres motivierten Engagements mit entsprechender Qualität vorweisen können.

2.3 Phasen der Berufsfindung

Bei den ersten Berufswünschen spielen entwicklungsbedingte Einflüsse eine wichtige Rolle.
Während das kleine Kind, noch ganz auf die Aussenwelt gerichtet, z. B. Briefträger, Kehrichtabfuhrmann oder Traktorfahrer werden will, hat der Schüler Wünsche, die seinen unmittelbaren Erlebnisbereich betreffen, bevor er anfängt, sich mit seiner Innenwelt zu beschäftigen.

Oft spüren Jugendliche am Anfang ihres Berufsfindungsweges, wenn sie nicht unter einem äusseren Erwartungsdruck stehen, aus der Empfindung heraus schon ziemlich genau, in welche Richtung einmal ihr Weg gehen könnte. Sie sind aber unsicher, ob der daraus abgeleitete Berufswunsch auch zu ihnen passt, weil sie die Bewertungskriterien noch nicht kennen, auf was bei einer Wahl geachtet werden sollte. Da sie nichts anderes kennen, fixieren sie sich auf einen Beruf. Ein solcher Berufswunsch kann dann, wie das folgende Beispiel zeigt, meistens noch nicht realistisch begründet werden.

Die ersten Gehversuche von Monika

(eine phänomenologische Betrachtung)

Monika, eine Schülerin der 8. Klasse, hat in ihrer Berufsfindung schon einige Erfahrungen gesammelt, die sie wie folgt schildert:

«Bis etwa in die 6. Klasse wollte ich Krankenschwester werden, warum, wusste ich eigentlich auch nicht so genau, wahrscheinlich weil ich anderen Menschen hätte helfen können. Aber von einem Tag auf den andern hat sich dieser Wunsch geändert. Ich interessierte mich plötzlich für den Beruf der Pferdepflegerin. Ich merkte aber bald, dass dieser Beruf nicht das Richtige für mich ist. Einmal in der Woche Pferde pflegen, sie füttern und reiten und ihre Boxen ausmisten, so wie ich es seit drei Jahren tue, ist schön, aber ich möchte mir dieses Hobby nicht zum Beruf machen. Danach war mein Berufswunsch Tierpflegerin, weil ich Tiere sehr gerne habe. Aber auch da stellte ich fest, dass meine Vorstellungen nicht so recht mit der Wirklichkeit übereinstimmten.
Da ich als kleines Mädchen gerne mit meiner Mutter in eine Drogerie oder Apotheke ging, weil mir dort die Umgebung und der Geruch gefielen, wurde ich auf den Beruf der Drogistin aufmerksam. Ich fing an, mich darüber zu erkundigen, und fand heraus, dass es ein sehr interessanter und abwechslungsreicher Beruf ist. Doch mit dem Näherrücken der Berufswahl gerieten meine Vorstellungen leicht ins Wanken. Ich war nicht mehr so sicher, ob ich auch wirklich Drogistin werden wollte. Diesen Beruf als Vortrag in der Schule zu wählen, war wohl eine gute Entscheidung, denn sie führte dazu, dass ich mich noch intensiver und genauer darüber informierte. Jetzt bin ich so weit, dass ich Drogistin als Beruf für mich sehe.»

Auf die Frage, warum sie dann noch in die Berufsberatung komme, meinte sie: «Ich komme vorsichtshalber noch zu Ihnen, vielleicht bringen Sie mich auf einen ganz anderen Weg.»

Mit Informationen über die Berufswelt alleine, sei es durch Printmedien, Videos, Multimedia oder Schnupperlehren, kann in solchen Situationen nicht weitergeholfen werden, weil das Bewusstsein, was man wirklich will, noch weitgehend fehlt.
Der Grund, warum Monika die Berufsberatung aufsuchte, war nicht in erster Linie der Mangel an Information, sondern mangelnde innere Sicherheit im Entscheiden durch fehlende Reife.

Die jungen Menschen in ihrer Berufsfindung unterstützen heisst, ihnen die Möglichkeit und Chance zu geben, in den verschiedenen Bereichen, welche zur Urteilsbildung für die Berufswahl wesentlich sind, Erfahrungen zu sammeln und ihnen genügend Zeit zu lassen, diese mit ihrem Ich zu verarbeiten.
An diesem Prozess der Selbst- und Weltfindung sind vor allem das Elternhaus, als Impulsator die Schule und, wo nötig, die Berufsberatung beteiligt.

Das Ziel aller unterstützenden Aktivitäten besteht demnach in der Förderung der individuellen Entscheidungsfähigkeit der Jugendlichen.

Wie grössere Sicherheit in der Wahl eines Berufs erlangen?

Entscheide, wenn sie einigermassen seriös abgestützt sind, reifen heran.
Ein Blick in den Prozessablauf kann ungefähr wie folgt umschrieben werden:
Der junge Mensch interessiert sich für einen bestimmten Beruf. Aufgrund einer ersten Wahrnehmung, z. B. durch entsprechende Berufsliteratur oder durch Gespräche mit Berufsleuten, bildet er sich ein erstes Urteil. Dabei hat er eine bestimmte Vorstellung von diesem Beruf gewonnen. Falls dann sein Interesse weiterhin bestehen bleibt, wird er motiviert sein, diesen Beruf näher kennen zu lernen. In einem Praktikum wird dann die Vorstellung lebendiger und umfassender, die Empfindung differenzierter, so dass das reale Bild des Berufes seelisch verinnerlicht wird. Das daraus entstehende Urteil für oder gegen den bestimmten Beruf hängt dann neben den Entwicklungsmöglichkeiten und den Impulsen (seelischen Grundtendenzen) weitgehend von Vergangenheitserfahrungen ab, welche geprägt sind durch Erziehung, Vererbung, Umwelt, Werthaltungen usw. Reagiert die Gefühlswelt negativ auf die gemachten Erfahrungen, wird das Interesse auf andere Möglichkeiten gelenkt, und zwar so lange, bis sich eine bestimmte Richtung herauskristallisiert.
So beginnt der junge Mensch in seinem Urteilen aus seiner Subjektivität, seinen Wunschträumen herauszuwachsen. Das anfänglich dunkel drängende Begehren wird dabei vom erstarkenden Ich in gelenktes und waches Interesse verwandelt, das aktiv die Berufswelt und sich selbst wahrnimmt und zur Verarbeitung der Eindrücke überleitet.
Dabei wird die Empfindungsseele mit ihrer Subjektivität der Sympathie und Antipathie und der Gebundenheit an das Begierdeleben durch die Tätigkeit des menschlichen Ich verwandelt in Richtung eines mehr objektiven geistigen Erlebens.
Daraus entsteht mit der Zeit diejenige innere Sicherheit, die es Berufssuchenden ermöglicht, sich für einen Beruf oder eine weiterführende Schule zu entscheiden. Auf dem Weg zu dieser Sicherheit braucht der Jugendliche verständnisvolle Unterstützung und Anregungen in erster Linie durch die Eltern.

Viele Jugendliche treffen erste Entscheide aufgrund von Sympathie oder Antipathie, ohne grosse verstandesmässige Auseinandersetzung mit sich und der Arbeitswelt. Dies hat dann oft zur Folge, dass ihre Vorstellungen über den künftigen Beruf nicht immer mit der Wirklichkeit übereinstimmen. Wie Umfragen zeigen, ist dies eine der Hauptursachen späterer Enttäuschungen, die dann zu Ausbildungs- respektive Studienabbrüchen führen.

Die Berufsfindung ist ein Bewusstwerdeprozess

Die Phase von der ersten Bekanntschaft mit der Arbeitswelt bis zur Entscheidungsreife ist ein Bewusstseinsprozess, der dem Entstehen eines Kunstwerkes gleicht. Weder ein freies, unverbindliches Ausprobieren noch ein willkürlich Vorgeplantes führt dabei zum Ziel. Der künstlerische Prozess besteht aus einer Reihe von Entscheidungen, ähnlich dem Weg zur Berufsfindung. Jede Entscheidung wirkt sich auf die nächste aus. Überraschungen sind immer gegeben. Deshalb sollte der junge Mensch motiviert werden, sich mutig auf einen offenen Prozess einzulassen, in welchem das Endergebnis nicht vorweggenommen werden kann, dieses sich aber, wie bei einem Kunstwerk, aus der Tätigkeitsabfolge mit der Zeit ergibt. Es ist ein Wechselspiel zwischen Wahrnehmen und Erfassen der einzelnen Aspekte und der daraus sich entwickelnden individuellen Ziele. Konkret führt letztendlich die Herstellung der Wechselbeziehung zwischen Selbsteinschätzung, Berufserkundung, Realisierungsmöglichkeiten usw. und den individuellen Intentionen – zwischen Analyse und Synthese – zu Entscheiden. Den Massstab, wann der Entscheidungsprozess abgeschlossen ist, oder beim künstlerischen Prozess, wann ein Kunstwerk fertig ist, setzt das individuelle Ich.

Ein Beispiel aus der Praxis

Motivation

Sabine, eine Schülerin der Oberstufe, merkte, dass einige ihrer Mitschülerinnen sich bereits mit Berufswahlfragen auseinander setzten und zum Teil schon Berufswahlpraktika hinter sich hatten. Dies motivierte sie, sich auch über ihre Zukunft Gedanken zu machen. Zu Hause am Tisch wurde oft über ihre zukünftige Berufswahl diskutiert. Da zeigte sich Sabine in ihren Vorstellungen noch sehr schwankend. Lange Zeit war bei ihr Kindergärtnerin ein Berufswunsch. Dann wechselte sie plötzlich zu Krankenschwester. Danach dachte sie an Pharma-Assistentin und später an Kauffrau. Sie absolvierte auch ein Berufswahlpraktikum in einer kaufmännischen Abteilung eines Industriebetriebes, was ihr sehr gefiel.

Da diese Aktivitäten, noch stark vom Empfindungsleben angetrieben, ihr noch nicht die Sicherheit brachten, um wirklich zu entscheiden, weil sie nicht wusste, nach welchen Kriterien sie sich entscheiden sollte, wollte sie sich bei einer neutralen Fachstelle vertiefter mit ihrer Berufsfindung auseinander setzen.

Einschätzung

Sabine erklärte einer Fachkraft in Berufsfindungsfragen auf die Frage nach ihren Berufsvorstellungen, dass sie nicht gerne zu viel Kontakt z. B. mit der Kundschaft pflege, gerne etwas bearbeiten, etwas gestalten oder sich mit Sprachen ausdrücken möchte. In der Schule habe sie Physik am liebsten, aber auch die gestalterischen und zeichnerischen Fächer würden ihr zusagen. Auf die Freizeitaktivitäten angesprochen meinte sie: «Ich lese sehr viel, zudem gehe ich ins Karate.»

Die nachfolgende Interessenabklärung zeigte folgendes Bild:

Sabine zeigt starke Tendenzen in Richtung planerische Tätigkeiten. Sie neigt zu Arbeiten in Richtung Zeichnen, Gestalten und Verschönern. Aber auch dazu, denkerisch tätig zu sein, etwas auszustudieren, zu erforschen und sich sprachlich ausdrücken zu können. Mit Vorliebe verweilt sie über längere Zeit an einer Arbeit. Eine starke Abneigung besteht für körperliche Arbeiten in der Natur, für schmutzige Arbeiten hat sie nicht viel übrig.

Information

Nachdem Sabine ihr Selbstbild durch das Vergleichen mit dem Bild, das in der Interessenabklärung von ihr entstanden war, erweitern konnte, bekam sie Informationen in Form von Broschüren über Tätigkeitsgebiete, welche ihren Schwerpunktinteressen entsprachen, um diese zu Hause in Ruhe zu verarbeiten. Das Ziel war, ihren Vorstellungshorizont über die Berufswelt zu erweitern, die gezielten Informationen auf sich zu beziehen und herauszufinden, welche Tätigkeiten sie ansprechen würden. Es handelte sich um Tätigkeiten im Bereich technisches Zeichen, kaufmännische Tätigkeiten, Laborberufe und gestalterische Berufe.

Individualisierung

Nachdem sich Sabine mit den verschiedenen Berufsrichtungen und den darin möglichen Berufstätigkeiten auseinander gesetzt hatte, bekannte sie sich zu folgenden Berufen, welche sie vertiefter kennen lernen wollte: Im Vordergrund ihres momentanen Interesses sah sie den Beruf der Grafikerin. Kauffrau würde sie auch interessieren, jedoch sei sie unsicher wegen ihrer schulischen Leistungen. Etwas im Bereich des technischen Zeichnens könnte sie eventuell auch noch sehen.

Information/Einschätzung

Nachdem sie durch den Vergleich ihrer Interessen mit den Berufsinhalten ihre Wahlmöglichkeiten eingegrenzt hatte, stand die Frage der dazu benötigten Fähigkeiten im Raum.

Für Kauffrau waren die schulischen Leistungen in der deutschen Sprache an der unteren Grenze, Sabine litt nämlich an Legasthenie. Umso mehr wurde sie überzeugt, dass Grafikerin das Richtige für sie sei. Sie wurde informiert, dass sie für diesen Beruf zuerst einen Vorkurs der Schule für Gestaltung absolvieren müsse, bevor sie sich für einen Ausbildungsplatz bewerben könne. In der Folge besuchte sie eine Orientierungsveranstaltung dieser Schule und kam danach ziemlich deprimiert zurück. Nachdem sie gesehen hatte, welche Anforderungen in dieser Schule gestellt werden, und diese mit ihren zeichnerischen Fähigkeiten verglichen hatte, wurde ihr bewusst, diesen Anforderungen nicht genügen zu können.

Individualisierung

Aufgrund der bis jetzt gemachten Erfahrungen überdachte sie ihre Berufswahl-Situation von neuem: Kauffrau dürfte schwierig werden, Grafikerin scheitert an den überdurchschnittlichen gestalterischen Anforde-

rungen, was soll ich jetzt? Warum nicht einen technischen Zeichnerberuf ergreifen? Etwas ausstudieren, erforschen, planen, gestalten, was ihrem Interesse entsprechen würde, brachte sie nach langem Hin und Her in Richtung Architektur.
Im Beruf Hochbauzeichnerin sah sie plötzlich eine reizvolle Perspektive. Da ihr zudem in der beraterischen Abklärung ein überdurchschnittliches logisches Denken und räumliches Vorstellungsvermögen attestiert wurde sowie eine gute Konzentrationsfähigkeit, entschloss sie sich, diesen Beruf durch ein Praktikum näher kennen zu lernen.

Realisierung

Sabine absolvierte ein Praktikum in einem kleineren und in einem mittleren Architekturbüro. An beiden Orten war man von ihren Leistungen überzeugt, auch ihre Offenheit und ihr Verhalten hinterliessen einen guten Eindruck, so dass sie an beiden Orten die Möglichkeit bekam, sich für eine Stelle als Hochbauzeichnerin zu bewerben. Nachdem sie das Aufnahmeverfahren durchlaufen hatte, bekam sie einen Lehrvertrag.

Entscheidende Impulse zur Persönlichkeitsentwicklung und Berufsfindung

Aus den vorangehenden Beispielen wird ersichtlich, dass die Berufswahlvorbereitung ein dynamischer Prozess ist, der nicht geradlinig verläuft und Zeit braucht.
Er vermittelt entscheidende Impulse für die Entwicklung zur individuellen Persönlichkeit. Resultate sind nicht sofort sichtbar. Dieser Prozess verläuft in Phasen, welche folgende Aspekte beinhalten: Motivation, Einschätzung, Information, Individualisierung und Realisierung. Wer eine dieser Phasen, welche nicht zwingend der Reihe nach ablaufen, überspringt oder auslässt, wird sich bei der Berufsfindung Schwierigkeiten einhandeln.

In der Motivationsphase werden die Jugendlichen motiviert, sich überhaupt mit Berufswahlfragen auseinander zu setzen. Wenn ein gutes Vertrauensverhältnis geschaffen wird, merken sie, wie sehr es um ihre Zukunft geht, an der sie selbst mitgestalten können. Obwohl die Motivation am Anfang dieses Prozesses steht, muss diese im Laufe der Auseinandersetzung durch die Erzieher immer wieder mit dem nötigen Fingerspitzengefühl durch gezielte Fragestellungen geweckt werden. Eine wichtige Rolle spielen die verschiedenen Praktika. Hier bieten sich ganz reale Erfahrungen in der Arbeitswelt, die für die Berufswahlfrage durch entsprechende Vor- und Nachbereitung bewusst mit den Jugendlichen ausgewertet werden können.

In der Einschätzungsphase lernen sie ihr eigenes Seelenleben in den Wirkungsfeldern Schule und Freizeit zu beobachten. Dadurch werden sie in die Lage versetzt, sich besser kennen zu lernen und sich realistischer einzuschätzen mit dem Ziel, ihre seelischen Grundtendenzen und damit ihre Berufsrichtung , ihre Interessen, ihre Stärken und Schwächen zu erkennen.

In der Informationsphase geht es nicht darum, die Jugendlichen mit möglichst viel Informationen über Einzelberufe zu überhäufen, sondern es wird von Fakten ausgegangen, die im Hinblick auf die Berufs-

findung wichtig sind und die eine persönliche Orientierung ermöglichen. Dies geschieht durch Einteilung der komplexen Berufswelt in Berufs- und Interessenfelder, ähnlich den seelischen Grundtendenzen.
Von Bedeutung in der Hinführung zur Arbeits- und Berufswelt ist das Erkennen der Grundstrukturen, die für alle Berufe relativ gleich sind, deren Inhalt sich jedoch wandeln kann.
Zur Vorbereitung von Berufspraktika und zur Erkundung der Berufe sind diese Kenntnisse besonders wichtig.
Als objektive Wahrnehmungskriterien dienen folgende beobachtbare und erfahrbare Merkmale:

Grundstrukturen der Berufe

Der Sinn des Berufes,
die wichtigsten Ziele und Aufgaben
Berufe befriedigen über eine längere Zeitspanne andauernde Bedürfnisse der Gesellschaft. Aus diesen Bedürfnissen ergeben sich die Ziele eines Arbeitsvorhabens und die Hauptaufgaben und zum Teil auch deren Sinngebung.

Die wichtigsten Tätigkeiten
Die Erledigung der Hauptaufgaben erfolgt durch planmässig wiederkehrende Tätigkeit im Zusammenhang mit Menschen, Waren, entsprechenden Materialien, Informationen usw. Welche Tätigkeiten kommen regelmässig vor? Welche Aufgaben (Anweisungen) erhält die Berufsfrau, der Berufsmann? Was geschieht nachher mit der ausgeführten Arbeit?

Der Arbeitsort
Wo befindet er sich? Wie ist er eingerichtet? Was ist darin vorherrschend?Die Hauptaufgaben und die daraus abgeleiteten Tätigkeiten haben Einfluss auf die geografische Lage und die Einrichtungen der Arbeitsplätze und die Gestaltung der Arbeit.

Die Anforderungen
Welche Interessen und Fähigkeiten sind erforderlich? Welche körperlichen, seelischen und geistigen Anforderungen werden benötigt? Gibt es spezielle Belastungen? Jede Berufsarbeit stellt an die Berufsleute bestimmte körperliche, seelische und geistige Anforderungen. Grundsätzlich ist jede Arbeit erlernbar. Trotzdem müssen gewisse Grundvoraussetzungen vorhanden sein. Die Begeisterung zum Beispiel für den Hochbauzeichner hilft wenig, wenn das räumliche Vorstellungsvermögen nicht entsprechend gefördert werden kann.

Die Ausbildung
Welche Vorbildung ist vor dem Ausbildungsbeginn erforderlich? Welcher Ausbildungsgang wird für einen bestimmten Beruf benötigt (Berufslehre, Mittelschule, Fachhochschule, Studium)? Welches sind die Ausbildungsinhalte und wie sind die Ausbildungsabläufe geregelt?

Die wirtschaftlichen und sozialen Verhältnisse
Welches sind die Arbeitsmöglichkeiten, Spezialisierungs- und Weiterbildungsmöglichkeiten? Vorläufig sichert noch jeder Einzelne durch seine Berufsarbeit, welche entlöhnt wird, seine existenzielle Grundlage und seinen Lebensstandard. Dazu gehört auch die Vernetzung des Berufes mit der Umgebung durch Arbeitsbedingungen, Arbeitsmarktsituation und Aufstiegsmöglichkeiten.

Diese Wahrnehmungsmerkmale haben sich als Grundraster und Werkzeug zur «objektiven» Erkundung der Berufe durch die Jugendlichen bewährt. Sie verdeutlichen die wesentlichen Inhalte eines jeden Berufes und ermöglichen den Jugendlichen bei sorgfältiger Anwendung die Selbstständigkeit bei der Berufsfindung.

In der Individualisierungsphase geht es um die Förderung der Entscheidungskompetenz.
Nachdem der Jugendliche den Sinn und die Bedeutung der Arbeit erfahren hat, dadurch seine eigenen Interessen, Fähigkeiten und Werthaltungen entdeckte und die Strukturen der Berufswelt mit ihren Anforderungen erkundete, geht es in dieser Phase darum,

sich aufgrund der gesammelten Erfahrungen selbstständig für eine Berufsrichtung und danach für einen Beruf respektive für eine Studienrichtung zu entscheiden. Individualisierung bedeutet, Wissen und Erfahrungen mit der eigenen Person in Zusammenhang zu bringen, die eigenen Möglichkeiten und Grenzen mit den Anforderungen der Wunschberufe zu vergleichen und zu bewerten und zugleich Alternativen auszuarbeiten. Der Verstand liefert bei diesem Identifikationsprozess nur die Unterlagen, unter anderem in Form der Ergebnisse der Selbsteinschätzung und der Erkenntnisse der Berufswelt. Verarbeitet, d. h. individualisiert, werden sie nachher mithilfe der Intuition durch das erstarkende Ich. Das Einbeziehen unzähliger Aspekte und das Abwägen, wofür man ist und wogegen, was schliesslich zu einer Wahl führt, ist eine Angelegenheit des Herzens.

So kann der letzte Entscheid zu einer Berufswahl die Schwierigkeit mit sich bringen, aus mehreren Teilentscheiden eine Synthese zu schmieden. Bis zur endgültigen Wahl können neben den Interessen und der Eignung noch andere Komponenten an Einfluss gewinnen, z. B.

- **kurzer Arbeitsweg**
- **angenehme Arbeitszeiten**
- **Länge der Ausbildung**
- **Kosten der Ausbildung**
- **soziales Prestige**
- **Lehrstelle oder Studienplatz gesichert?**
- **Geschwisterrivalitäten**
- **Person des Ausbilders**

Wird in dieser Auseinandersetzung ein erster Entschluss gefasst, kann wie durch eine Schleuse, die geöffnet wird, vieles möglich werden, was man vorher nicht für möglich hielt. Wenn innere Kräfte frei werden, ziehen sie äussere Möglichkeiten an. Und schliesslich resultiert daraus die Realisierungsphase.

In der Realisierungsphase geht es um die Umsetzung des Berufswunsches. Weiterführende Schulen, Lehrstellensuche, Bewerbungen, Aufnahmeprüfungen sind dabei u. a. die Schwerpunkte der Aktivitäten in dieser Phase. Siehe auch Kapitel 5 «Welche Qualifikationen werden in der Arbeitswelt verlangt?».
Wer die Gegebenheiten eines Berufes oder die Aufnahmebestimmungen in eine weiterführende Schule gut kennt, kann sich erfolgreicher bewerben.
Es macht auch auf Lehrmeister oder Schulleiter einen nachhaltigen Eindruck, wenn Jugendliche das Gefühl vermitteln, überzeugt zu sein und zu wissen, was auf sie zukommt. Dies wirkt sich auf das Ansehen der Eltern und der Schule positiv aus.

Eine wichtige Rolle im Ablauf der Berufswahlvorbereitung spielt der Zeitfaktor. Bis wann müssen welche Entschlüsse gefasst werden, um den Anschluss nicht zu verpassen?

3. Unterstützungsmöglichkeiten bei der Berufsfindung

Was fördert die Entscheidungsfähigkeit?

Bei der Berufsfindung der Jugendlichen tragen die Eltern eine grosse Verantwortung, denn sie sind deren wichtigste Ansprechpartner. Um ihre Töchter und Söhne im echten Sinne unterstützen zu können, sollten die Eltern oder deren Vertreter sich vorerst im Klaren sein, welche Werte sie vertreten, welche Bedeutung sie der ersten Berufswahl beimessen und welche Erwartungen sie dabei erfüllt haben möchten. Sehr wichtig ist dabei, welches Bild die Eltern von den Heranwachsenden haben.
Um diesen gezielt in der Berufsfindung zu helfen, ist es nötig zu wissen, auf welche persönlichen und beruflichen Merkmale es ankommt, um den Berufsfindungsprozess zu unterstützen und begleiten zu können.
Jede Wahl hat mit Übergang zu tun, der oder die Wählende verlässt Vertrautes, um sich etwas Neuem zuzuwenden. Die soziale Neuorientierung vom Schülerdasein zum Berufsleben gleicht einer geistigen Ablösung vom Elternhaus. Dies bringt verschiedene Verunsicherungen mit sich. Diese werden noch verstärkt durch die oft zu hörenden Meldungen über das mangelnde Angebot an Ausbildungs- und Studienplätzen.
Ein Entwicklungsgesetz besagt, dass alles, was in Zukunft Erfolg haben soll, vorbereitet werden muss. Dies trifft besonders auch auf die Berufswahl zu.
Den Jugendlichen muss bewusst gemacht werden, dass der Weg zum geeigneten Beruf eine Gestaltungsaufgabe ist, die sie selbst in die Hand nehmen müssen. Die an dieser Aufgabe Beteiligten, allen voran die Eltern, dann die Lehrkräfte und, wo nötig, die Studien- und Berufsberatung, sind in diesem Prozess lediglich als Entwicklungs- und Übergangshelfer oder Coachs zu sehen. Was die Jugendlichen selber leisten können, sollen sie auch leisten. Deshalb sollte das Ziel aller Unterstützungsmassnahmen darin bestehen, ihnen zur richtigen Zeit am rechten Ort die richtigen Fragen zu stellen, um die im Inneren des Jugendlichen angelegten Antworten zum Bewusstsein zu bringen.

Die Förderung und Unterstützung der Berufswahlreife beinhaltet folgende Aspekte:

Die Jugendlichen
- lernen, wie man sich selbst kennen lernt und realistisch einschätzt.
- lernen die wesentlichen, für die Berufs- oder Studienwahl wichtigen Elemente der Arbeitswelt kennen.
- wissen, wo sie Informationen holen können, und werden fähig, diese auch zu verarbeiten.
- können Berufsalternativen wahrnehmen und diese auch bewerten.
- sind mit der Zeit in der Lage, bewusste Entscheide zu treffen und diese auch zu realisieren.

Da diese Aspekte, welche zur Berufswahlreife führen, für alle Jugendlichen zutreffen, egal, zu welcher beruflichen Richtung sie sich nach der Schulzeit entschliessen, werden sie als pädagogische Aufgabe wahrgenommen, von der Schule aufgegriffen und im Klassenverband als Impulse am Anfang des Berufswahlprozesses behandelt.
Danach liegt es an den Eltern, mit ihren Söhnen oder Töchtern dafür zu sorgen, dass die durch die Schule angelegten Impulse aufgegriffen und individuell weiterentwickelt werden. Die dabei erzielte Förderung der Bewusstwerdung hat einen hohen Stellenwert, denn das Bild der Interessen, Fähigkeiten und Verhaltensweisen, das der Jugendliche von sich hat, ist in der Übergangsphase von dreifacher Bedeutung:

1. Es ist mitbestimmend für Richtung und Niveau der weiteren Ausbildung.

2. Es fördert die Ausweitung der persönlichen Identität und bildet die Grundlage für die geistige Entwicklung.

3. Es fördert den Willen, sein Leben selbst in die Hand zu nehmen.

Berufswahlvorbereitung geschieht überall dort, wo das Ich des jungen Menschen gestärkt wird, dies kann in jedem Unterrichtsfach, aber auch bei jeder Handlung zu Hause geschehen, die auf Selbstständigkeit und Eigenverantwortung hinzielt.
Für die Berufswahl wichtig sind die im Kapitel 2 angedeuteten persönlichen Merkmale wie: Interessenschwerpunkte, Fähigkeiten und Verhaltensweisen. Diese können in Gesprächen bewusst gemacht werden, zum Beispiel:

- anhand der Beschreibungen konkreter Arbeitseinsätze, durch gezielte Auswertung der verschiedenen Praktika in der Schule und zu Hause. Was wurde als interessant oder weniger interessant erlebt? Gab es im Verlauf der Einsätze Probleme? Wenn ja, wie wurden sie gelöst?

- durch Überdenken der Ereignisse, welche einen Einfluss auf den Jugendlichen hatten, und welche Schlussfolgerungen er daraus für die zukünftige Berufswahl zieht.

- durch Erstellen eines Portfolios. Ein Portfolio ist eine Sammelmappe, welche persönliche Daten, Fakten, Nachweise zum Werdegang, zum Potenzial, zum persönlichen Profil enthält, das Auskunft gibt über die verfügbaren Kernkompetenzen. Wozu ist der Jugendliche fähig? Was kann er? In welcher Rolle und bei welcher Tätigkeit hat er die Kompetenzen erworben? Was kann er vorweisen? Wie schätzt er seine Kompetenzen selber ein, wie werden diese von seinen Eltern und von Dritten beurteilt?

Berufswahlvorbereitung ist auch ein Familienprozess, der aktiv verstanden und gestaltet werden sollte.
Von Gesetzes wegen tragen die Eltern die Verantwortung für die Berufswahl ihrer Söhne und Töchter.

3.1 Um ihr Leben selbst in die Hand zu nehmen, brauchen die jungen Menschen Ziele

Wie Ziele im Leben erreicht werden können, bringt der Schriftsteller Saint-Exupéry wie folgt zum Ausdruck: «Wenn du ein Schiff bauen willst, so trommle nicht die Männer zusammen, um Holz zu beschaffen, Werkzeuge vorzubereiten und Aufgaben zu vergeben. Lehre sie die Sehnsucht nach dem weiten Meer.»
So sollten die Berufswahl-Vorbereitungsaktivitäten verstanden werden, indem diese im Jugendlichen die Sehnsucht wecken, im Meer der vielen Berufsmöglichkeiten eine Vision zu entwickeln, die ihn bei der Berufsfindung leitet. Solche Visionen können die Energie geben, die notwendig ist, um auftretende Schwierigkeiten auf dem weiteren Lebensweg besser zu meistern und unmotiviertes Verhalten in der Oberstufe zu reduzieren.
Eine wichtige Etappe beim Einstieg in den Berufswahlprozess im Hinblick auf das Berufsziel ist erreicht, wenn sich die Jugendlichen wie folgt äussern:
«Ich bin offener und aufmerksamer geworden für das, was auf mich zukommt.» «Ich habe jetzt eine genauere Vorstellung, in welche Richtung es mich zieht.» «Ich kann meinen Weg in der Berufswelt jetzt besser sehen, ich weiss jetzt, wie ich vorgehen muss.» «Die Beschäftigung mit der Berufswahl gab mir mehr Sicherheit und half mir, mich noch besser einzuschätzen.»
Es ist zu hoffen, dass die Jugendlichen danach weiter an sich arbeiten, um realistische Wege zu ihren Zielen herauszufinden. Dazu brauchen einige immer wieder Aufmunterung von aussen.

Aus der Übersicht über das Meer der vielen Berufsmöglichkeiten und der Einsicht in Einzelberufe resultiert die innere Sicherheit, um sich Ziele zu setzen, welche die spätere Wahl entscheidend beeinflussen.

Wie schafft sich der Jugendliche Übersicht?

Sicher ist es unrealistisch zu meinen, alle Berufe durch Praktika kennen lernen zu können. Der einfachste und schnellste Weg geht über die Übersichtsliteratur. Eine solche gibt es für alle Studien und Berufslehren. Heisst dies nun, alle Studien und beruflichen Grundausbildungen mit Fähigkeitszeugnis (Berufslehren) zu studieren? Bei der Vielfalt und Unübersichtlichkeit der Berufswelt bedeutet es für Jugendliche eine entscheidende Hilfe, wenn Einzelberufe nach bestimmten Kriterien zu grösseren Bereichen zusammengefasst werden. Dadurch wird die komplizierte Berufswelt auf einleuchtende Weise überblickbar. Dies erleichtert das Finden der Berufsrichtungen gemäss den Interessen und hilft, die Berufswahlmöglichkeiten zu vergrössern sowie die Berufschancen zu verbessern.
In Übersichtswerken wird versucht, die ganze Berufswelt darzustellen. Als Nachschlagewerk benützt, kommen sie vor allem in der Anfangsphase des Berufsfindungsprozesses zum Einsatz.
Die Berufsinteressenfelder nach Erwin Egloff
Ein Arbeitsbuch, das von den elementaren Interessen und Bedürfnissen der Jugendlichen ausgeht, ist die Systematik der Berufsinteressenfelder nach Egloff. Im Unterschied zu vielen üblichen Berufsfelder-Einteilungen, die von Wirtschaftssektoren (Branchen), Produktegruppen, vom Alphabet oder von beruflichen Ähnlichkeiten ausgehen, geht die Systematik der Berufsinteressenfelder von elementaren Interessen und Bedürfnissen der Jugendlichen aus und ist, wie im Kapitel 2.2 dargestellt, in neun Felder eingeteilt. Dieser menschenbezogene Ansatz macht die Berufswelt bei der Berufsfindung auf sinnvolle Weise überschaubar und erleichtert im Zusammenhang mit dem persönlichen Interessenbild das Finden einer interessengerechten Berufsauswahl und von Alternativen. Diese Systematik wurde auf ihre Brauchbarkeit hin wissenschaftlich durch das Psychologische Institut der Universität Zürich überprüft.
Die Berufsfelder nach René Zihlmann
Das Berufsfeldersystem nach René Zihlmann, welches die Berufswelt in 22 Berufsfelder einteilt, hat grosse Verbreitung gefunden, so auch im Internet. In seinem Standardwerk «Das Berufswahlbuch», das er mit einem Autorenteam ausgearbeitet hat, wird ein Blick über und vertiefter Einblick in die Berufsfelder oder -richtungen gegeben. Die wichtigsten Merkmale und Anforderungen werden beschrieben und mit einer Fülle eindrücklicher Fotos veranschaulicht.
Zihlmann, René, *«Das Berufswahlbuch»*, Sauerländer Verlag.

Für Jugendliche, welche eine Mittelschule besuchen und studieren möchten, erfüllt zum Beispiel das Buch «Studieren – und dann?» ein ähnliches Ziel. Es vermittelt einen ersten Überblick über die Studienmöglichkeiten und Studienfächer an Hochschulen sowie über Berufsfelder und Berufstätigkeiten in akademischen Berufen.

«Studieren – und dann?»
Bezug: AGAB-Verlag, Bleichemattstrasse 15, 5000 Aarau, Tel. 062 823 57 30, www.agab.ch
Zwischen den Berufsinteressenfeldern von Egloff und den 22 Berufsfeldern nach Zihlmann, welche auch im Internet abrufbar sind, besteht ein innerer Zusammenhang

Kompatibilität von Berufsinteressenfeldern und Berufsfeldern

Berufsinteressenfelder nach Egloff	*Berufsfelder nach Zihlmann*
1 Im Freien sein, naturbezogen arbeiten	1 Natur
2 Mit Nahrungs- und Genussmitteln arbeiten, Gastlichkeit pflegen	2 Ernährung 3 Gastgewerbe und Hauswirtschaft
3 Gestalten, verschönern, zeichnen	4 Bekleidung, Textilien, Leder 5 Schönheit, Körperpflege 6 Gestaltung, Kunsthandwerk 7 Druck, Grafisches Gewerbe
4 Handwerklich und körperlich arbeiten, bauen, einrichten, montieren	8 Bau 9 Gebäudetechnik 10 Holzverarbeitung, Innenausbau
5 Praktisch zu tun haben mit Apparaten, Maschinen, Fahrzeugen	11 Auto, Velo, Motorrad 12 Elektrotechnik, Elektronik 13 Metall, Maschinen
6 Planen, berechnen, konstruieren, untersuchen, forschen	14 Chemie, Papier, Kunststoff 15 Technische Planung, Konstruktion
7 Waren und Dienstleistungen, einkaufen, verkaufen, vermitteln, verwalten	16 Verkauf, Detailhandel 17 Wirtschaft, Verwaltung 18 Verkehr, Logistik, Sicherheit 19 Informatik
8 Mit der Sprache arbeiten, forschen, bilden, informieren, unterhalten, interpretieren	20 Sprache, Publizistik, Kunst, Musik
9 Mit Menschen zu tun haben, anleiten beraten, pflegen, unterrichten	21 Gesundheit 22 Pädagogik, Beratung, Sozialarbeit

Da durch die Fachhochschul-Abschlüsse sehr ähnliche oder die gleichen beruflichen Funktionen wie über ein Hochschulstudium möglich sind, können viele der klassischen beruflichen Funktionen mit Hochschulabschluss in den Berufsfeldern eingeordnet werden.

Nachdem der Jugendliche seine Interessenschwerpunkte entsprechend seinen seelischen Grundtendenzen in den Berufsinteressenfeldern erkannt hat, wie im Kapitel 2 beschrieben, wird es für ihn möglich, die Brücke in die Berufswelt durch die ihm gemässen Berufsfelder zu finden. Die Bündelung seiner Willensimpulse bildet den Kompass, nach welchem er in einem weiteren Schritt in den entsprechenden Berufsfeldern die einzelnen passenden Berufe erkunden kann.

Hinweis

Spezielle Tipps zu den 22 Berufsfeldern in Bezug auf die Arbeitsatmosphäre, die Arbeits- und Aufnahmebedingungen, die Schnupperlehre oder eventuelle Eignungstests sind zu finden im Internet unter *www.berufswahlmagazin.ch.*

Eine sehr nützliche kleine Broschüre vom Laufbahnzentrum der Stadt Zürich mit dem Titel «Berufsfelder 2006», die periodisch überarbeitet wird, gibt Auskunft über Grundbildungen, höhere Berufsbildungen und Hochschulbildungen in den 22 Berufsfeldern von René Zihlmann. (Bezugsquelle: *www.svb-asosp.ch/medienshop* **oder Tel. 044 801 18 19)**

Wie kommt der Jugendliche zu objektiven Informationen über einzelne Berufe?

Berufe lassen sich in ihren Grundstrukturen mithilfe allgemein gültiger Merkmale erkunden und vergleichen. Solche Merkmale zum objektiven Erfassen eines jeden Berufes wurden durch die Berufsforschung wissenschaftlich erarbeitet und finden ihren Niederschlag in der Ausarbeitung von Berufsbildern. Diese Merkmale, welche als Grundstrukturen der Berufe im Kapitel 2,2 «Stationen auf dem Weg zum geeigneten Beruf» im Abschnitt «Informationsphase» beschrieben sind, gilt es den Jugendlichen zu vermitteln. Dabei geht es darum, die Wahrnehmung zu schärfen und zu lernen, die richtigen Fragen zu stellen, um zu realistischen Informationen zu gelangen. Wichtig ist es auch, Auskünfte aus verschiedenen Informationsquellen zu vergleichen, um die eigenen Berufswünsche auf ihre Inhalte und beruflichen Realitäten hin untersuchen zu können, damit sich später keine folgenschweren Enttäuschungen ergeben. Oftmals ist es für Jugendliche auch schwierig festzustellen, welche Beobachtungen an einem Arbeitsplatz eine wesentliche und welche eine unwesentliche, nebensächliche Bedeutung haben.
Damit wird ihre anfängliche Gebundenheit an die Sympathie- und Antipathiekräfte des Empfindungslebens durch die bewusstere Auseinandersetzung mit der Realität in ein mehr objektives, geistiges Erfassen der Berufswelt möglich.

Als Ergänzung zum vorher beschriebenen Berufswahlbuch von René Zihlmann ist auf einer CD-ROM der «Berufswahl-Kompass» erhältlich. Durch gezielte Fragen kann der Jugendliche im «Berufsfelder-Check» selbst evaluieren oder überprüfen, ob sich für ihn eine vertiefte Auseinandersetzung mit seinen in die engere Wahl genommenen Berufsfeldern lohnt. Danach kann er sich in seiner bevorzugten Berufsrichtung über mögliche Grundberufe und Weiterbildungsmöglichkeiten orientieren. Der Kompass enthält Berufsbeschreibungen von über 800 Berufen mit vielen Fotos zum Ausdrucken.
Den schnellsten Zugang zu Informationen bietet das Internetportal *www.berufsberatung.ch.*

Dort können praktisch alle Informationen rund um Berufs- und Weiterbildung abgerufen werden. Die Navigation wurde den Bedürfnissen der verschiedenen Ratsuchenden zielgruppenorientiert angepasst und auf die Fragestellungen von drei Hauptgruppen ausgerichtet:

- **Schülerinnen und Schüler vor der ersten Berufswahl**
- **Gymnasiasten und Berufsmaturanden mit Fragen rund um Studium und Beruf**
- **Erwachsene mit Fragen zur Laufbahn und zur Weiterbildung**

Die online verfügbaren Berufsinformationen über *Berufslehren und Weiterbildungsmöglichkeiten* sind so zusammengefasst, dass sie nach Interessen (22 Berufsfelder nach Zihlmann), Branchen, Berufslehren, Weiterbildungsmöglichkeiten oder alphabetisch abgerufen werden können.

Unter diesem Portal sind auch die Lehrstellenbörsen aller Kantone, welche eine solche führen, abrufbar. Unter «Studien und schulische Ausbildungen» findet man die *Studiengänge aller Schweizer Universitäten und ETH*. Zudem werden im Modul «Berufe nach dem Studium» Berufe beschrieben, in die Absolventinnen und Absolventen von Hochschulen häufig einsteigen. Darüber hinaus bietet die Datenbank Informationen zu schulischen Ausbildungen ausserhalb der Schweiz.

Dieses schrittweise Vorgehen von den seelischen Grundtendenzen zu den Interessenschwerpunkten (Interessenfeldern), über die entsprechenden Berufsfelder zu den Einzelberufen macht die Jugendlichen zu Suchenden.

Es wird ihnen nicht aufgrund eines testologischen Verfahrens oder bei Verfahren, die sich am Computer abspielen am Schluss ein Studium oder ein Beruf vorgeschlagen, sondern sie bekommen Suchhilfen. Diese haben zum Ziel, die Orientierung in der Berufswelt zu ermöglichen, sich in ihr zurechtzufinden, nicht aber zu sagen, was zu einem passt.

Hinweis

Die hier erwähnten Medien zur Berufsfindung sind nur ein kleiner Teil aus einem grossen Angebot an Informationen, die mehrheitlich auch in Berufsinformationszentren der Berufsberatung ausgeliehen werden. Der Schweizerische Verband für Berufsberatung erarbeitet zusammen mit Partnern aus der Praxis diese didaktischen Arbeitsmittel. Das ganze Sortiment kann eingesehen werden unter:
www.svb-asosp.ch/medienshop

3.2 Die Rolle der Eltern bei der Berufsfindung ihrer Töchter und Söhne

Die Werthaltungen der Eltern üben einen entscheidenden Einfluss auf die Berufswahl ihrer Kinder aus.

Die Eltern können sich dem Einfluss ihrer eigenen Berufs- oder Studienwahl und ihrer heutigen beruflichen Situation, dem Einfluss ihres Herkunftsmilieus und ihres heutigen Lebensstils bei der Berufswahl ihrer Kinder nicht vollends entziehen. Ihre Werthaltungen und Meinungen haben einen entscheidenden Einfluss auf die Berufswahl. Sie haben auch die Einstellungen und Werthaltungen ihrer Kinder mitgeprägt, z. B. durch ihre Einstellung zur Gestaltung des Lebens und der Freizeit, zu Arbeit und Beruf.

Betreffend Stellenwert der Arbeitswelt in der Familie ist darauf hinzuweisen, dass Kinder oft unbeabsichtigt negative Äusserungen zu hören bekommen. Dies ist dann der Fall, wenn nach Feierabend tüchtig Dampf abgelassen wird über Ärger mit dem Vorgesetzten, unzuverlässige Lieferanten, sinnlose Zwängereien wegen Terminen usw. Bei allem Verständnis für diese Ungereimtheiten: Zu viele solcher Informationen über eine Welt, für die sich später Jugendliche einmal entscheiden müssen, fördert nicht die Motivation zu einer Berufswahl.

Eine umfassende Untersuchung des Meinungsforschungsinstitutes LINK bei Jugendlichen vor der Berufswahl hat aufgezeigt, dass nach Aussagen der Jugendlichen die Eltern am meisten Einfluss auf ihre Berufswahl ausübten. Die Jugendlichen sind in der Regel von ihnen auch in materieller Hinsicht abhängig. An zweiter Stelle folgten die Lehrpersonen und an dritter Stelle Kollegen und Freunde.

Als wichtigste Bezugspersonen können die Eltern jedoch auch bewusst oder unbewusst Druck ausüben, indem sie unverhältnismässige Ansprüche an die Jugendlichen stellen, so z. B. indem sie ihr Kind antreiben, damit der Sprung in eine vorgesehene Ausbildung gelingt. Aber nicht selten erreichen sie dadurch das Gegenteil: Überforderte Schülerinnen und Schüler klinken sich aus, sie fühlen sich chancenlos, Motivation und Energie sind weg und ihr Selbstwertgefühl stark beeinträchtigt.

Andrerseits gibt es Eltern, die ihre Berufsvorstellungen verheimlichen, um damit ihre Töchter und Söhne nicht in der so genannten freien Berufswahl einzuschränken.

Aus der Sorge, ja nicht die innere Entwicklung des Kindes zu stören, schrieb eine Mutter Folgendes: «Liesa, welche vor dem letzten Schuljahr steht, spürt sicher, dass wir Eltern es begrüssen würden, wenn sie eine Berufsausbildung machen würde. Aber wir möchten sie auf keinen Fall dazu zwingen und ihr Zeit lassen. Nur befürchten wir, dass die Möglichkeit immer kleiner wird, je länger sie wartet. Oder wäre es von Anfang an besser, sie das machen zu lassen, wozu sie gerade Lust hat, in der Hoffnung, dass sie auf diese Weise einen guten Weg findet?»
Zu ängstliche oder übereifrig drängende Eltern verunsichern die Jugendlichen, sofern nicht eine echte, offene Gesprächsbereitschaft dahintersteckt.

Inwieweit sollen Eltern überhaupt die Jugendlichen beeinflussen?

Bisher haben die Eltern Entscheidungen für ihre Kinder oder mit ihnen getroffen: der Besuch einer Schule nach dem Kindergarten, die Unterstützung und Förderung der Begabungen durch Finanzierung von Stunden und Kursen in Musik, Sport, Sprachkurse im Ausland usw. Sie haben ihren Kindern dadurch Chancen ermöglicht.
Nun erwarten sie, dass diese sich selbstständig und eigenverantwortlich den Problemen stellen, die mit dem Übergang von der Schule in den geeigneten Beruf auftauchen.
Es gibt Väter und Mütter, die verunsichert sind, inwieweit sie in diesem Prozess die Jugendlichen bei der Berufsfindung beeinflussen sollen, sie pflegen darum zu sagen: «Ich rede meiner Tochter nicht drein, sie soll das lernen, was sie will, es muss aber etwas Gescheites sein.» Was ist etwas Gescheites? Mit einer solchen Haltung schleichen sich Eltern aus der Verantwortung und lassen den Jugendlichen alleine in seinem Berufsfindungsprozess. Wird elementaren Auseinandersetzungen zu Hause ausgewichen, kommt vielen Jugendlichen ein Lernfeld für die Bewältigung von

Konflikten abhanden – das sie dann in der Schule oder in der Öffentlichkeit suchen. Der Berufsfindungsprozess sollte für Eltern genauso wichtig sein wie ehemals die Wahl der richtigen Schule für ihr Kind.
Jeder Einfluss der Eltern bei der Berufsfindung der Jugendlichen ist gerechtfertigt, wenn er auf die individuelle Weiterentwicklung des Jugendlichen ausgerichtet ist. Dies kann auch mit sanften Forderungen zu bestimmten Aktivitäten verbunden sein, um Mut zu machen oder Bequemlichkeiten überwinden zu helfen. Dabei braucht es für Eltern eine Selbstkontrolle, damit nicht durch das Einfliessen eigener Erwartungen der Berufswahlvorbereitungs-Prozess ins Stocken gerät.

Das Offenlegen der Ansichten kann mehr helfen als gut gemeinte Zurückhaltung

Eltern haben gewisse Vorstellungen davon, welche Berufe zu ihren Söhnen oder Töchtern passen. Ihre in der Arbeitswelt gesammelten Erfahrungen können sie dazu bringen, gewisse Berufe als «gut» und andere als «weniger gut» zu klassieren. Aus diesen Gründen sind Diskussionen mit den eigenen Jugendlichen über die Berufswahl immer auch eine Gratwanderung, die viel Offenheit von den Eltern verlangt. Wissen die Jugendlichen nicht, wie ihre Eltern sie einschätzen und in die Gesellschaft integriert haben möchten, stellen sie diesbezüglich Vermutungen an. Aufgrund dieser Vermutungen akzeptieren oder negieren sie die vermeintlichen Berufsideen oder Einstellungen und Haltungen der Eltern. Dadurch können sowohl bei den Jugendlichen als auch bei deren Eltern je länger je mehr Unklarheiten entstehen, die unverständliche Reaktionen und Gegenreaktionen hervorrufen können. Je besser aber die jungen Menschen wissen, welchen Standpunkt die Eltern einnehmen, umso präziser werden sie bestimmte Aspekte in ihre Vorstellungen integrieren oder ablehnen.

Viele Eltern wollen für ihre Söhne und Töchter nur das Beste

Kommen diese dann ins Berufswahlalter, kann plötzlich das Sicherheitsdenken wichtiger werden als das, was sich wirklich für die weitere Entwicklung der jungen Menschen eignet. So findet ein Vater, dass es heute wichtig sei, eine gute Grundausbildung zu absolvieren. Mit einer Matur in der Tasche sei man am besten für die Berufswelt gerüstet. Um diesem «Vollkasko-Denken» besondere Beachtung zu verschaffen, wird noch der Satz angehängt, dass es heute bald keine Berufsausbildung mehr gäbe, bei welcher nicht eine Mittelschule vorausgesetzt werde. Zu diesem Thema siehe Kapitel 5 «Welche Qualifikationen erwartet die Arbeitswelt von den Jugendlichen?».

Sorgen, den Übergang nicht zu schaffen

Es gibt auch Eltern, die sich Sorgen machen, ob ihr Sohn oder ihre Tochter den Übergang in eine weitere Ausbildung nach der obligatorischen Schulzeit bewältigen kann. In diesen Sorgen kommt auch die starke Verunsicherung zum Ausdruck, die sich aufgrund der verschlechterten Ausbildungs- und Arbeitsmarktperspektiven und der zunehmenden Unübersichtlichkeit der Berufsmöglichkeiten ausbreitet und dadurch die Berufswahl erschwert. Fehlende Erfolgsaussichten und der Wandel in der Arbeitswelt können das Selbstwertgefühl der Jugendlichen überschatten und durch Selbstzweifel zu einer Abwendung von Fragen der Berufsfindung führen.
Die Erfahrung zeigt, dass in vielen Fällen auch Ängste, z. B., den Weg in eine bestimmte Richtung nicht zu schaffen, eher von den Eltern ausgehen als von deren Kindern. Dies kann sie dazu verleiten, aus mangelnder Kenntnis der vielfältigen Berufsmöglichkeiten nach einer Grundausbildung, ihren Blick einseitig nur auf das Bestehen von Aufnahmeprüfungen in weiterführende Schulen zu lenken. Dabei verlieren sie die pädagogischen Bemühungen der Lehrerschaft nach ganzheitlicher Bildung aus dem Auge. Dazu gehört auch das teilweise Wichtignehmen von Abschlüssen, die man heute scheinbar überall vorweisen müsse.
Der Trend geht aber auch in eine andere Richtung,

indem der «Portfolio-Gedanke» bei Personalverantwortlichen in Firmen immer mehr Einzug hält. Die Erfahrungen mit Aufnahmeprüfungen als Momentaufnahmen zeigen oft auch ernüchternde Ergebnisse.
Das Ziel des «Portfolio-Gedankens» ist, das berufliche und persönliche Potenzial, das neben den fachlichen vor allem auch die sozialen, personalen und methodischen Fähigkeiten in einem Portfolio sichtbar macht, nachzuweisen und so die Anerkennung in Bildung und Beruf zu erreichen.

Torschlusspanik kann durch rechtzeitige Planung vermieden werden

Da die wirtschaftliche Entwicklung in den letzten Jahren so ist, dass bereits während der Suche nach einem Ausbildungsplatz der volle Druck des Arbeitsmarktes spürbar wird, ist Panik keine gute Taktik. Zuwarten aber auch nicht. Die Berufswahlvorbereitung sollte im zweitletzten Schuljahr beginnen. Auch wenn die reguläre Schulzeit noch zwei Jahre dauert, wird das Thema Beruf in dieser Phase aktuell. So ist genügend Zeit vorhanden, um die vielen Themen rund um die Berufswahl anzupacken. Denn im Herbst, wenn im darauf folgenden Sommer die Ausbildungen beginnen, werden vielerorts bereits die Lehrstellen vergeben.

Auch die Eltern befinden sich in einem Prozess

Wenn die Eltern die Berufswahl mittragen, werden sie in den Berufsfindungsprozess eingebunden. Sind sie bereit, über ihre Berufsvorschläge Auskunft zu erteilen, bekunden sie ihre grundsätzliche Bereitschaft, sich mit anderen Ansichten auseinander zu setzen und ihre eigenen zu relativieren. Sie müssen durch die Auseinandersetzung mit sich selbst, ihren Söhnen oder Töchtern und der Berufswelt ihre Stellungnahmen überdenken, neu formulieren und Veränderungen integrieren. Diesen Prozess unterstützen und mitgestalten heisst, dass die Interessenschwerpunkte, die Stärken und Schwächen, die Begabungen, Verhaltensweisen und Werthaltungen des Jugendlichen angesprochen werden. Die Verbindung zur Berufswelt fördern heisst, dem Jugendlichen zu helfen, seine Interessen und Fähigkeiten in Beziehung zu den entsprechenden Berufsfeldern zu setzen.

Es gibt nie nur eine Berufslösung, die zu einem jungen Menschen passt. Es gibt immer mehrere in den entsprechenden Berufsfeldern, die durch eine Berufslehre oder ein Studium infrage kommen, die langsam eingekreist und auf die Eignung für die eigene Person hin geprüft werden müssen.

Die Eltern werden während des Berufsfindungsprozesses ihres Sohnes oder ihrer Tochter, der sich über Monate hinziehen kann, in verschiedene Rollen schlüpfen müssen: Mal sind sie Motivator, mal Impulsgeberin, mal Tröster, mal Begleiterin, mal Trainer und mal Vertraute. Sie müssen auch bedenken, dass die Jugendlichen, welche nach der Bewerbung für einen Platz in eine weiterführende Schule oder für eine Berufsausbildung mehrere Absagen erhalten können, dadurch mit der Zeit verunsichert sind. In dieser Situation sollten die Jugendlichen nicht noch mehr unter Druck gesetzt werden. Eine ganz wichtige Hilfe, wenn Jugendliche Prüfungen nicht bestanden haben oder Absagen erhalten, besteht darin, dass sie merken, dass ihre Eltern trotzdem an sie glauben und ihnen beistehen.
Sind letztendlich beide Elternteile bereit, eine berufliche Lösung mitzutragen, geben sie ihren Töchtern oder Söhnen bezüglich der Realisierung des Berufswunsches den nötigen Rückhalt.

3.3 Konkrete Unterstützungsmöglichkeiten

Die wichtigste aller Hilfen

Wollen Eltern ihren Söhnen und Töchtern in der Berufswahl wirkungsvoll helfen, so kann nicht genügend betont werden, dass sie alle Aktivitäten der Jugendlichen unterstützen sollten, welche deren Selbstständigkeit fördern. Deshalb sollte von Seiten der Eltern alles unterlassen werden, was die jungen Menschen selbst leisten können.
Dazu brauchen diese Unterstützung, indem durch eine positive Haltung der Erziehenden im Jugendlichen Selbstvertrauen, Initiative, Ausdauer und Beziehungsfähigkeit gestärkt werden. Eigenschaften, die bei der Berufsfindung und in der anschliessenden Ausbildung immer wieder benötigt werden. Das tägliche Leben bietet Gelegenheit, solche Haltungen erzieherisch zu verstärken, indem dem Sohn oder der Tochter Interesse und Anerkennung entgegengebracht wird.

Gegenseitiges Vertrauen schaffen

Da der Berufsfindungsprozess in die Zeit fällt, in welcher der Jugendliche sich von der elterlichen Autorität löst und seinen eigenen Lebensweg sucht, ist die Hilfe der Eltern bei der Berufswahl, je nach Klima in der Familie, gar nicht immer erwünscht. Jedenfalls braucht es für die Eltern in dieser Situation, wenn sie ihren Einfluss geltend machen wollen, ein besonderes Fingerspitzengefühl, um nicht den Eindruck zu erwecken, man wolle seinem Sohn oder seiner Tochter in die Berufsfindung dreinreden. Gelingt es Eltern, die Jugendlichen nicht nur verbal, sondern auch von der Gesinnung her davon zu überzeugen, dass ihre Absichten in erster Linie zum Ziel haben, sie auf der Suche nach ihrem Weg zu unterstützen, ohne dass andere Erwartungen an sie gestellt werden, ist der Weg zur Zusammenarbeit geebnet.

Zeit haben für gemeinsame Gespräche

Es ist wichtig, dass Jugendliche in der Berufsfindung nicht alleine gelassen werden, sondern dass sie sich von ihren Eltern getragen und unterstützt fühlen. Berufswahlvorbereitung bedeutet gemeinsam überlegen und miteinander reden. Zu einem vertrauensvollen Gespräch kann es kommen, wenn Eltern zum Beispiel von ihren eigenen Berufswahlerfahrungen von früher erzählen, welche Probleme sie damals überwinden mussten. Aktuelle Erfahrungen können Anlass geben, die Meinungen der Jugendlichen zu erfragen. So können sie die Anteilnahme der Eltern besser akzeptieren, wenn sie auch an Problemen der Eltern Anteil nehmen dürfen.
Eine gute Gelegenheit, die Berufswahl in der Familie zu einem Gesprächsthema werden zu lassen, sind Fragen und Gespräche zu einzelnen Aspekten und Aktionen der Berufswahlvorbereitung, wie z. B. über die Berufswahlvorbereitungs-Aktivitäten in der Schule, über Berufspraktika.

Fragen allgemein, welche die Jugendlichen zum Weiterdenken anregen:

- **Welche Vorstellungen hast du dir über dein weiteres Leben nach der Schulzeit gemacht?**
- **Wenn du dir noch keine Vorstellungen gemacht hast, was hindert dich daran, Vorstellungen über deinen Lebens- und Berufsweg nach der Schulzeit zu entwickeln?**
- **Was ist dir besonders wichtig, wenn du an deine Zukunft denkst? Auf was möchtest du auf keinen Fall verzichten?**
- **Was könntest du tun, um Interesse für Fragen der Ausbildungs- und Studienentscheidung zu bekommen?**
- **Was macht dir am meisten Sorgen, wenn du an die vor dir liegende Berufswahl denkst?**

Fragen nach einem Praktikum:

- **Was war der Sinn deines Arbeitseinsatzes? Was würde der Gemeinschaft fehlen, wenn es diese Arbeiten, die du ausführen musstest, plötzlich nicht mehr gäbe?**
- **Wenn du das ganze Praktikum überschaust, welche Arbeiten konntest du mühelos erledigen, wo hattest du Mühe und warum?**
- **Welche Gefühle hattest du am Anfang und welche am Schluss des Praktikums?**
- **Könntest du dich über einen längeren Zeitraum, z. B. über vier Jahre, in solchen Tätigkeiten, wie sie das Praktikum bot, sehen? Begründe die Antwort!**

Hilfe – unser Sohn will Tiefseetaucher werden!

Was, wenn die Eltern das Gefühl haben, der Berufswunsch ihrer Tochter oder ihres Sohnes passe nicht zur Person oder sei das Resultat einer fragwürdigen Beeinflussung? Berufswünsche der Jugendlichen – auch «unmögliche», die scheinbar aus Träumen und Idealen gespeist werden – sind ernst zu nehmen. Statt in die Belehrungsfalle zu tappen, ist es viel wichtiger, dem jungen Menschen zu helfen, die mit dem Wunsch- oder Traumberuf verbundenen Interessen und Erwartungen bewusst zu machen und ihn zu ermuntern, sich über die Berufsinhalte und die Anforderungen in seinem Wunschberuf genau zu informieren und, falls danach das Interesse weiter besteht, eine Realitätsprüfung durch ein Berufspraktikum zu unternehmen.

Unsere Tochter hat so viele Interessen und Begabungen, dass sie diese gar nicht alle unter einen Hut bringen kann – was soll sie tun?

Für solche Jugendliche, deren Begehren aus vielfältigen Interessen besteht, bei denen die seelischen Grundtendenzen in mehrere Richtungen weisen und deren Begabungen verschiedene Umsetzungsmöglichkeiten in der Arbeitswelt zulassen, ist es besonders schwierig, sich für einen Beruf zu entscheiden. Denn den Beruf, der alle diese Interessen abdeckt, müsste man zuerst erfinden. Eine Berufswahl in dieser Lage zu treffen, verlangt deshalb vom Jugendlichen eine grosse Kompromissbereitschaft, denn jede Wahl bedeutet Verzicht auf weitere infrage kommende Möglichkeiten. Damit junge Menschen in einer solchen Lage nicht in eine Lethargie verfallen, ist es wichtig, den Blick nicht nur auf die erste Berufswahl, sondern darüber hinaus auf die darauf aufbauenden Laufbahnmöglichkeiten zu lenken. Durch das Aufzeigen, wie nach einer Erstausbildung durch entsprechende Weiterbildung brachliegende Anlagen gefördert werden können, wird die Motivation zu einer Wahl erhöht.

Eine gezielte und bewusste Studienwahl vermindert Ausbildungskosten

Kommen Jugendliche dank guter Schulleistungen in ein Gymnasium, wird oft die mühsame Auseinandersetzung mit der Berufswahl umgangen mit der Begründung: «Ich weiss schon, was ich will, ich will studieren.» Wenn Eltern vermeiden wollen, dass ihre Kinder dann nicht zur Kategorie der «Versuchsballon-Studierenden» gezählt werden, ist ihnen zu empfehlen, diese anzuhalten, sich genauso mit ihrer Studienwahl auseinander zu setzen, wie solche, die sich für eine Berufslehre entscheiden wollen. Dies bedeutet, Auseinandersetzung mit seinen Zielen und Förderung der Entscheidungskompetenz, wie in Kapitel 2 «Stationen auf dem Weg zum geeigneten Beruf» beschrieben.

«Versuchsballon-Studierende» sind diejenigen, die im «Blindflug» und mit einer gewissen Gelassenheit ein Studium beginnen, erst dann aber merken, was genau auf sie zukommt, und in der Folge die Studienrichtung wechseln oder mindestens die Gewichtung der Fächer korrigieren. Das tun immerhin, wie Untersuchungen bestätigen, um die 30 % der Studierenden. Eine ähnlich grosse Zahl bricht mangels Motivation ihr Studium vorzeitig ab. Mit einer guten Studien- und Berufsvorbereitung können Leerläufe vermindert und Ausbildungskosten eingespart werden.

Ermutigen, die Berufswelt auf verschiedene Art zu erkunden

Wenn Eltern ihren Kindern Einblick in ihre tägliche Arbeit geben, indem sie sie, wenn möglich, an den Arbeitsplatz mitnehmen, wo sie die Abläufe, die Regeln, welche eingehalten werden müssen bei ihrer Arbeit, im Alltag erleben, und wenn dabei nicht nur die mühsamen Dinge zur Sprache kommen, kann dies die Neugierde für weitere Berufserkundungen wecken. Nützlich ist auch, Verwandte und Bekannte von ihren Berufen berichten zu lassen.

Sehr hilfreich ist das Studieren eines Berufswahlbuches, wenn der Jugendliche sich notiert, für welche

Berufe er sich interessiert, für welche nicht. Berufswahlbücher sowie umfassende und regelmässig aktualisierte Schriften zu allen gängigen Studien- und Berufsrichtungen können in Berufsberatungs- und Informationszentren ausgeliehen werden.

Wichtig ist auch, die Jugendlichen auf berufskundliche Sendungen in Radio und Fernsehen aufmerksam zu machen. Zudem werden jährlich Studien- und berufskundliche Veranstaltungen angeboten. Es sind Veranstaltungen aus entsprechenden Ausbildungsinstitutionen und aus der Berufspraxis, teilweise durch Berufsverbände unterstützt. Kontakte zu Universitäten und anderen Bildungsinstitutionen können eine sinnvolle und notwendige Ergänzung zu Informationen sein. Die Jugendlichen erhalten dadurch die Gelegenheit, sich mit Insidern über offene Fragen zu Fachgebieten zu unterhalten. Oft werden Tage der offenen Tür organisiert, die den Jugendlichen die Kontaktnahme erleichtern. Veranstaltungsprogramme und Durchführungsdaten liegen in Berufsinformationszentren auf oder können auch durch die Schule in Erfahrung gebracht werden.

Unterstützungsmöglichkeiten über das Internet

Über das Medium Internet können Kontakte zu allen Ausbildungsinstitutionen hergestellt und Informationen über Berufs- und Studieninhalte, Weiterbildungen, Kurse, Lehrstellen abgerufen werden.

Bei dieser Gelegenheit sollten Eltern darauf achten, dass Jugendliche gezielt suchen, um nicht vor «lauter Bäumen den Wald» aus den Augen zu verlieren. Denn was nützen einem Jugendlichen einige tausend Einträge zum Thema Berufswahl, wenn er noch nicht weiss, welches seine Bedürfnisse sind und welchen Beruf er ergreifen will. Im Umgang mit der Informationsflut ist die Gewichtung und das In-Beziehung-Setzen von Informationen mit den eigenen Interessen und Werten entscheidend. Dies ist aber nur möglich, wenn man sich vorher mit diesen auseinander gesetzt hat. Wer über keinen Internetzugang verfügt, kann sich die benötigten Informationen über das nächstgelegene Berufsinformationszentrum holen.

Berufswahlpraktika

Nachdem gegen Ende des Berufswahlprozesses einige Berufe in die engere Wahl kamen, ist es sehr zu empfehlen, durch ein Berufswahlpraktikum (Schnupperlehre) in der Realität zu überprüfen, ob die Vorstellungen, welche man über den Berufswunsch erarbeitet hat, auch der Wirklichkeit entsprechen. Zudem entscheidet sich ein Jugendlicher ja nicht nur für einen Beruf, sondern zugleich auch für ein Arbeitsklima, das von einer entsprechenden Umgebung und von einer Belegschaft geprägt ist.

Viele Firmen verlangen von den Anwärtern für einen Ausbildungsplatz ein Berufswahlpraktikum, um sie dadurch kennen zu lernen. Siehe dazu auch Kapitel 5 «Welche Qualifikationen erwartet die Arbeitswelt von den Jugendlichen». Aus dieser Sicht wird ein Berufswahlpraktikum auch als Selektionsinstrument benutzt, was leider das unbelastete Schnuppern des Jugendlichen einschränken kann.

Sehr wichtig bei einem Berufswahlpraktikum ist dessen Vorbereitung. Wenn sich Schüler oder Schülerinnen vorher zum Beispiel durch entsprechende Lektüre über die Inhalte des zu prüfenden Berufes orientiert haben, sind sie neugierig und offen für Fragen, was bei Ausbildern einen guten Eindruck hinterlässt, weil sie dadurch das Interesse des Jugendlichen spüren. Ist ein Berufswahlpraktikum ausschlaggebend für eine Bewerbung zu einem Ausbildungsplatz, kann es von Vorteil sein, wenn Eltern vor oder während des Praktikums mit der für die Ausbildung zuständigen Person Kontakt aufnehmen mit der Bitte, am Ende des Praktikums ihr fachliches Urteil betreffend Eignung der Tochter oder des Sohnes für den angestrebten Beruf zu erhalten. Dieses Vorgehen kann zugleich noch einen anderen Zweck erfüllen, denn ein Praktikum muss auch von einem Ausbildungsbetrieb vorbereitet werden!

Hinweis
Tipps, um die Schnupperlehre hautnah zu erleben, sind zu finden unter *www.berufswahlmagazin.ch* **und** *www.berufsberatung.ch*

Buchtipp
Schnupper-Set, ein Heft mit vielen Anregungen, Tipps und Arbeitsmaterialien.
Bezugsquelle:
schulverlag blmv AG, Bern, www.schulverlag.ch

Die Eltern werden bei ihren Unterstützungsbemühungen nicht alleine gelassen

Der Anteil junger Leute, die unschlüssig sind, welches Studium oder welchen Beruf sie ergreifen wollen, nimmt in allen Schultypen zu. Die Orientierungslosigkeit liegt auch daran, dass neben der teilweise mangelhaften Berufswahlvorbereitung in gewissen Schulen die Arbeitswelt undurchschaubarer geworden ist. Neben traditionellen Berufen gibt es eine Vielzahl von neuen Berufen. Es ist deshalb keine Schande, wenn Eltern, die aus Verantwortung für ihre Kinder ihr Möglichstes tun, um die Berufswahl erfolgreich zu gestalten, sich in Berufsfindungsfragen verunsichert fühlen.

Die Unterstützung der Jugendlichen in der Berufswahl ist am wirkungsvollsten, wenn die Eltern die Zusammenarbeit mit der Schule, der Berufsberatung und der Wirtschaft suchen, immer mit dem Ziel, die Entscheidungsfähigkeit der jungen Menschen zu fördern.

Es steht ihnen frei, welche Hilfe sie in Anspruch nehmen möchten. Für alle Eltern ist es gut zu wissen, dass Lehrpersonen, Berufsberaterinnen und -berater, Berufsinformationszentren und Internetportale sie in diesem komplexen Berufswahlprozess entlasten können.

4. Der Stellenwert der ersten Berufswahl

Den Beruf fürs Leben gibt es nicht mehr – was nun?

Die erste Berufswahl bildet einen Einschnitt in das bisherige Leben eines Jugendlichen, wenn er sich für eine Weiterbildung nach der obligatorischen Schulzeit entscheidet. Ob dies in Richtung eines Studiums oder einer Berufslehre geht, ein gewisses Unbehagen, ob man den Anforderungen im neuen Wirkungsfeld gewachsen sein wird, begleitet diese Wahl. Für solche, welche studieren wollen, kommt der ersten Berufswahl eine weniger grosse Gewichtung zu, weil man sich zuerst für eine Studienrichtung entscheidet, in welcher der Jugendliche die wissenschaftlichen Grundlagen erwirbt, die später verschiedene Berufsmöglichkeiten offen lassen.

Etwas anders sieht es aus bei den rund 60 % der Jugendlichen, welche sich für eine Berufslehre entscheiden. «Was, wenn ich mit der Zeit merke, dass ich im falschen Boot bin?» Dazu kommt für viele noch die Ungewissheit, ob nach der Ausbildung überhaupt genügend Arbeitsstellen vorhanden sind. «Hat es noch einen Sinn, eine Ausbildung zu absolvieren, wenn ich danach doch keinen Job finde?» Welche Berufswahl man auch immer trifft, um danach seine Kräfte in der Arbeitswelt erfolgreich einsetzen zu können, ist eine solide Grundausbildung im gewählten Berufsgebiet eine Voraussetzung, auf welcher man aufbauen und sich weiterentwickeln kann. Die erste Berufswahl ist keine Wahl fürs ganze Leben wie in früheren Zeiten. Sie bildet den Einstieg in eine Laufbahn, in deren Verlauf weitere Entscheide folgen werden. Laut letzter Volkszählung finden 30 % aller Berufswechsel bereits vor dem 25. Lebensjahr statt. Dies bringt es mit sich, dass die persönliche Identifikation über den gelernten Beruf immer schwieriger wird.

Unser Berufsbildungssystem lässt praktisch auf jeder Bildungsstufe «unbegrenzte» Entwicklungsmöglichkeiten offen, sei es nach einer Berufslehre oder einem Studium. Auch für solche, die nicht in der Lage sind, eine Berufslehre zu absolvieren, gibt es Ausbildungsmöglichkeiten. Wichtig ist, dass der Einstieg in der richtigen Richtung, entsprechend den Interessenschwerpunkten und den infrage kommenden Berufsfeldern, geschieht, wie dies in Kapitel 2.2 beschrieben wurde. Dabei spielen zum Bewältigen der Anforderungen die Fähigkeiten eine wichtige Rolle.

Die Berufswahl früher im Gegensatz zu heute

Zu Zeiten der Zunftwirtschaft war die Berufswahl kein Thema. Die Wahl eines Berufes war schicksalhaft dadurch bestimmt, in welche Familie man hineingeboren wurde. Der Beruf, den man ein Leben lang ausübte, ging vom Vater auf den Sohn über. Der Mensch von dazumal war ganz in ein Gruppenbewusstsein eingebettet. Der Beruf war, ohne dass man viel entscheiden musste, von aussen bestimmt und regelte das Leben des Einzelnen, was ihm auch den Halt in seinem Leben gab. Noch bis vor wenigen Jahrzehnten waren die Berufswahl und der Lebenslauf geprägt von Rollenerwartungen. Aus dem Beruf, den ein Mann oder eine Frau hatte, ergaben sich jeweils vorgezeichnete Verhaltensmuster für den Lebenslauf. In früheren Zeiten war bei einem eindeutigen, begrenzten und lebenslangen Berufsleben die persönliche Identität klar: Man war eben Schmied, Knecht, Direktor oder Arbeiter.

Heute ist im Vergleich zu früher die Berufswelt ein höchst unsicheres Pflaster geworden. Während früher die Berufswahl klar geregelt und vorgegeben war, muss diese heute individuell von jedem Einzelnen aus seinem Ich heraus gestaltet und entschieden werden. Mit der ersten Berufswahl werden zwar wichtige Weichen für die Zukunft gestellt, aber es ist kein Entscheid mehr für das ganze Leben wie früher. Es ist der Anfang eines lebenslangen Prozesses, der ständig neue Entscheide verlangt und den Menschen dadurch herausfordert, sein Leben bewusst zu gestalten und Unsicherheiten auszuhalten, was der Signatur unseres Bewusstseinszeitalters entspricht.

Bei der ersten Berufswahl handelt es sich um eine Lebensabschnittentscheidung für den Einstieg in eine Laufbahn, die nur noch selten geradlinig verläuft. Denn was ein Jugendlicher zu Beginn eines Berufslebens lernt, reicht nicht mehr für ein Arbeitsleben von vierzig Jahren, so dass er nach einem Studium oder einer Berufslehre mehrmals die Arbeitsstelle wechseln und dabei seine Berufskenntnisse austauschen muss. Was früher von aussen, zum Beispiel durch die Tradition, gegeben war, muss heute der Jugendliche alleine aus sich heraus entscheiden. Er entscheidet, was er tun will. Er bestimmt im Wesentlichen, aufgrund seiner seelischen Grundtendenzen und seines inneren «Werdeziels», die Richtung seines weiteren Lebensweges. Er gestaltet sein Schicksal selbst, insofern er diesen wichtigen Moment in seinem Leben nicht durch wohlmeinende Eltern, gesellschaftliche Verlockungen oder andere äussere Einflüsse verpasst. Der Berufswahlprozess wird so zu einer Art Geburtshelfer des individuellen Ich.

Die persönliche Identität neu definieren

In einer Zeit, in welcher Vollzeitbeschäftigung und übliche Arbeitsbiografie keine Selbstverständlichkeit mehr sind, in der Teilzeit- oder Temporärarbeit, Berufswechsel, Frühpensionierung und Phasen der Erwerbslosigkeit mehr und mehr von der Ausnahme zur Regel werden, wird die Bildung einer persönlichen Identität durch einen Beruf immer schwieriger. Viele Erwachsene, welche heute Jugendliche begleiten, definieren sich aufgrund ihrer Vergangenheit selbst immer noch grösstenteils über ihre Berufstätigkeit und allenfalls über ihren Habitus. Wie ist die Identität ihrer Nachkommen, der heutigen Jugendlichen, in der flexibilisierten Arbeitswelt möglich, wo es keine üblichen Pfade mehr gibt, denen Menschen in ihrem Berufsleben folgen können?

Da die moderne Berufswelt gegenüber früher ihre Stabilität und Kontinuität verloren hat, ist sie für die Biografie und die Bildung der persönlichen und beruflichen Identität ein höchst unsicheres Wirkungsfeld geworden. Was deshalb der «Berufstätige» nach aussen repräsentiert, wird weniger wichtig. Dagegen werden seine durch das Leben selbst entwickelten Fähigkeiten immer wichtiger.

Die Sicherheiten für die Zukunft können immer weniger durch geregelte Arbeitsverhältnisse, durch den Staat oder durch Diplome garantiert werden, sondern sind vor allem im Inneren des Menschen zu suchen, indem verborgene Kräfte geweckt und entsprechend der jeweiligen Lebenssituation sinnvoll und umsichtig eingesetzt werden.

Die pädagogische Sicht, demjenigen, was im Menscheninneren veranlagt ist, zum Durchbruch zu verhelfen, ist demnach über die obligatorische Schulzeit hinaus für die ganze Entwicklung eines Lebenslaufes von Bedeutung. Diese Haltung widerspricht dem gegenwärtigen Utilitarismus vieler öffentlicher Bildungsinstitutionen, die ihre Bildungsziele nach dem rein wirtschaftlichen Nützlichkeitsdenken ausrichten.

Die Fähigkeit, sich nicht nur mit seinem Beruf und dessen sozialen Status zu identifizieren, sondern mit dem, was man als seine Aufgabe im Leben begreift, wird immer wichtiger, um seelisch in der globalisierten und technologisierten Weltgemeinschaft im Gleichgewicht zu bleiben. Die heutige Identität besteht darin, dass ich bewusst aufgrund meiner Vorstellungen und Präferenzen die eigene Wahl treffe. Dies ist am ehesten möglich, wenn unter Bildung nicht nur berufsorientierte Ausbildung verstanden wird. Bekommt ein junger Mensch in einer Schule über die üblichen Bildungsziele hinaus die Chance, dass zudem seine autonome Handlungsfähigkeit, seine Orientierungskompetenz in weiteren Sinne, die ethische Urteilsfähigkeit, die soziale und personale Kompetenz gefördert werden, wird er das Rüstzeug erhalten, den Grundanforderungen im modernen Arbeitsleben gerecht zu werden, wie sie z. B. unter Kapitel 5.1 «Tendenzen in der Arbeitswelt» beschrieben wurden. Solchermassen gebildete Menschen laufen weniger Gefahr, sich an gesellschaftlichen Werthaltungen zu orientieren, und können deshalb unvorhergesehene Ereignisse wie z. B. eine Entlassung besser verkraften, indem sie diese eher als Herausforderung annehmen können und nicht als persönliche Niederlage. Sie haben gelernt, sich auf die inneren Kräfte zu verlassen, selbst dann, wenn eine Situation aussichtslos erscheint.

Die Anerkennung innerhalb der Gesellschaft ist für die Identitätsentwicklung der Jugendlichen zwar sehr wichtig. Viel hängt jedoch davon ab, wie schon das Kind in eine Familie aufgenommen und integriert wurde. Konnte der junge Mensch in dieser Mikrogesellschaft Selbstvertrauen und ein gesundes Selbstwertgefühl entwickeln, damit er später im Gesellschaftsleben neben den sozialen Anforderungen seine persönliche Identität bewahren kann? Hat er durch die Schule ein Weltbild empfangen dürfen, das ihn ermuntert, seine in ihm entdeckten produktiven Kräfte dieser Welt zur Verfügung zu stellen? Oder sucht er Fehlendes, z. B. fehlende Anerkennung durch Familie und Schule, in einer einseitig betriebenen Berufskarriere zu kompensieren? In dieser Mikrogesellschaft wird vieles eingeübt, was später für die Gesellschaft und den Jugendlichen wertvoll sein kann.

Bei der ersten Berufswahl ist die Anerkennung eines Berufes durch die Gesellschaft bei Jugendlichen mehr oder weniger wichtig. Denn nicht alle Berufsleute geniessen ein gleich hohes Ansehen. Die einen verfügen über mehr Kompetenzen und Entscheidungsbefugnisse und dadurch über mehr Macht als andere, welche vorwiegend das ausführen müssen, was vorher bestimmt wurde.

Die einzelnen Kriterien, die zur Einstufung oder Machtausstattung herangezogen werden, nennt man Statusmerkmale. Besonders wichtige Statusmerkmale sind vor allem der Beruf, dann Besitz, Einkommen und Bildung. Aber auch Herkunft, Nationalität, Alter, Geschlecht.

Welche Einstellungen man solchen Merkmalen oder Symbolen gegenüber auch hat, die Jugendlichen bekommen sie im Laufe ihres Lebens immer wieder zu spüren und müssen sich mit ihnen auseinander setzen.

Sind solche Einstufungen in der heutigen globalisierten Welt noch anzustreben? Sollten die Jugendlichen den Blick nicht vielmehr auf sinnstiftende, gesellschaftliche Tätigkeiten, wenn möglich ihren Idealen entsprechend, lenken können?

«Wenn das Leben keine Vision hat, nach der man strebt, nach der man sich sehnt, die man verwirklichen möchte, dann gibt es auch kein Motiv, sich anzustrengen!» (Erich Fromm)

Die Angst vor dem falschen Gleis

Viele Jugendliche bekunden deshalb bei der ersten Berufswahl Mühe, weil sie befürchten, dadurch auf ein falsches Gleis zu geraten, auf welchem sie sich nicht entwickeln können. Wenn der Jugendliche jedoch seinen ersten Berufsentscheid aufgrund seiner seelischen Grundtendenzen trifft, wie als Beispiel im Kapitel 2 «Stationen auf dem Weg zum geeigneten Beruf» beschrieben, kann nicht mehr viel falsch laufen. Statt lange zu grübeln, ist es oft besser, in seiner erkannten Stossrichtung mutig eine Ausbildung zu beginnen und sich auf das einzulassen, was sich daraus entwickelt. Persönliche und berufliche Entwicklungen während einer Grundausbildung lassen sich sowieso nicht im Voraus klar abschätzen. Die Tatsache, dass nach einer Grundausbildung, sei es nach einer Berufslehre oder nach einem Studium, viele Wege offen stehen, wo man seine «Fahrtrichtung» entsprechend den gesammelten Erfahrungen korrigieren kann, relativiert die Bedeutung der ersten Wahl. Wichtig ist dabei, dass diese eine solide Grundausbildung ermöglicht, welche weitere Entwicklungen offen lässt. Dabei kann auch die Wahl eines geeigneten Ausbildungsplatzes einen wichtigen Beitrag leisten.

Der erste Berufswahlentscheid ist in dem Sinne wichtig, als er für den jungen Menschen einen Teil seines Lebenskonzeptes darstellt und deshalb von Erfolg gekrönt sein sollte. Denn ein missglückter Einstieg belastet den jungen Menschen oft mehr, als dies Erwachsene wahrhaben wollen, und kann sich ein Leben lang auswirken. Nach wie vor definiert ein Jugendlicher sein Selbstwertgefühl über die Berufstätigkeit. Erfolg oder Misserfolg können deshalb über die weitere Bereitschaft entscheiden, Neues auszuprobieren, sich zu engagieren, Belastungen auf sich zu nehmen und ein Leben lang den Willen zu erhalten, stets hinzuzulernen und sich fortzubilden. Die erste Berufswahl ist dann geglückt, wenn es einem jungen Menschen gelingt, diese Wahl an seinen eigenen inneren Impuls anzuschliessen, was den Anfang seiner persönlichen Berufsbiografie bedeutet.

Fehlentscheide können korrigiert werden

Merkt mit der Zeit ein junger Mensch, der in der Ausbildung steht, dass er eine falsche Berufswahl getroffen hat, bedeutet dies kein Unglück, wenn er, dadurch reifer geworden, nachher weiss, was besser zu ihm passt.

Wie die Erfahrung zeigt, kann es dann zu ernsthaften Schwierigkeiten kommen, wenn Jugendliche einer einmal begonnenen Ausbildung den Rücken kehren, ohne eine weitere Perspektive zu haben. Deshalb sollten Eltern darauf hinwirken, dass solche Jugendliche erst aus einer Schule, aus einem Studium oder einer Berufsausbildung aussteigen, wenn sie sich vorher ein neues, realisierbares Ziel erarbeitet haben, um nicht ohne Perspektive in ein Loch zu fallen. Untersuchungen bei Jugendlichen, welche eine Ausbildung abgebrochen haben, belegen, dass Enttäuschungen oft daher rühren, dass die Vorstellungen, welche die Lernenden über die Berufsinhalte vor Beginn der Ausbildung hatten, nicht mit der angetroffenen Wirklichkeit übereinstimmten. Solche Enttäuschungen respektive Fehlentscheide können minimiert werden, wenn Eltern die Jugendlichen dazu anhalten, vor Ausbildungsbeginn ihre Vorstellungen über den gewählten Beruf (oder die gewählte Ausbildungsstätte) durch gezielte Berufspraktika in der Realität zu überprüfen. Eine wertvolle Hilfe dabei sind die in Kapitel 2.3 angegebenen Wahrnehmungskriterien «Grundstrukturen der Berufe».

Es kommt auch vor, dass junge Berufstätige, welche ihre erste Berufsausbildung hinter sich haben, durch positive Erfahrungen ihr Selbstbewusstsein festigen konnten. Dadurch bekamen sie den Mut, in eine berufliche Tätigkeit zu wechseln, zu welcher sie sich vor der ersten Berufswahl nicht reif genug fühlten. War in einem solchen Fall die erste Berufswahl ein Fehlentscheid?

5. Welche Qualifikationen werden in der Arbeitswelt verlangt?

Wie im Wandel der Arbeitswelt bestehen können?

Die heutige Arbeitswelt verändert sich zunehmend hinsichtlich der gefragten Qualifikationen. Es wird eine wachsende Bandbreite von unterschiedlichen Produkten erzeugt. Zudem werden vermehrt verschiedenartige Absatzmärkte, über den ganzen Globus verteilt, bearbeitet.

In praktisch allen Bereichen der Arbeitswelt herrscht eine Art Umbruchstimmung. Äusserlich gesehen gehören Umstrukturierungen, Abbau oder Verlagerung von Arbeitsplätzen zum fast täglichen Erscheinungsbild.
Die rasche Entwicklung moderner Technologien, die Geschwindigkeit, mit welcher heute technische Probleme gelöst werden, führen zu Veränderungen der Inhalte vieler Berufe. Die Ursache für diesen Wandel ist u. a. darin zu suchen, dass heute nicht nur einzelne Arbeitsplätze automatisiert, sondern diese zu ganzen Systemen verbunden und vernetzt werden.
Durch das Auflösen starrer Arbeitsplatzstrukturen muss die Gestaltung eines Arbeitsauftrages mehr und mehr durch selbstständige Orientierung und Abstimmung der Mitarbeiter untereinander gemeinsam geregelt werden. Dadurch werden höhere Anforderungen an Verantwortung und Teamverhalten, an Sinnverständnis und Zuverlässigkeit, an Motivation und Lernbereitschaft gestellt. Persönlichkeitsfaktoren wie Eigenständigkeit, selbstständiges Denken werden in vielen Gebieten stärker gewichtet als früher.

Weil in der modernen Berufswelt praktisch alle Mitarbeitenden raschen Zugriff zu den benötigten Informationen haben, im Gegensatz zum Vorcomputerzeitalter, in welchem Informationen als persönlicher Besitz betrachtet wurden, werden heute andere Fähigkeiten gefordert, als nur die Fähigkeit, sich Wissen anzueignen, das sowieso immer rascher veraltet.
Der Gang der Gesellschaft fordert heute Menschen auf allen Funktionsstufen, die durch anschauende Urteilskraft kreativ neue Situationen meistern, selbstständig eine Arbeit planen, durchführen, kontrollieren und, wo nötig, sich selbstständig das benötigte Wissen dazu verschaffen.

Wie nachfolgende wissenschaftliche Untersuchungen belegen, wird bei Arbeitgebern der Sozial-, Methoden-, Selbstkompetenz und dem Verhalten am Arbeitsplatz ein ebenso hoher Rang zugemessen wie der spezifischen Fachkompetenz. Im Weiteren gewinnen durch die Globalisierung der Wirtschaft die Sprachen und das Verständnis für fremde Kulturen an Bedeutung.

Diese Anforderungen beeinflussen die Lerninhalte und -formen der Bildungsinstitutionen von der Berufslehre bis zu den Hochschulen.

Neben den beschriebenen Qualifikationen und den für jeden Beruf verlangten spezifischen Fähigkeiten achten im Bereich der Berufslehren Lehrbetriebe bei der Selektion von Lernenden auch auf traditionelle Arbeitstugenden, wie zum Beispiel: Fleiss und Pflichtbewusstsein, Pünktlichkeit und Ordnungssinn, Sorgfalt und Sauberkeit.

5.1 Tendenzen in der Arbeitswelt

Die Wandlungen in der Arbeitswelt und im Gesellschaftsleben und als Folge davon die Veränderungen der Anforderungen an die Menschen, welche darin ihre Arbeitskraft zur Verfügung stellen und ihre existenzielle Grundlage sichern wollen, wird von jeher durch neue Ideen und Erfindungen des Geisteslebens bewirkt.

So läutete zum Beispiel James Watt durch die Erfindung der Dampfmaschine das Zeitalter der Mechanisierung ein. Die Muskelkraft wurde durch die Maschine ersetzt. Die Maschine begann ihren Siegeszug und veränderte Arbeitsinhalte und Organisationsformen.
1934 entwarf der deutsche Bauingenieur K. Zuse das Konzept für ein Rechengerät, das nach einem eingegebenen Programm vollautomatisch mathematische Operationen ausführen konnte, und legte dadurch den Grundstein für die heutige Computertechnologie. Die geistige Vorarbeit zu dieser Rechenmaschine leistete der deutsche Philosoph und Mathematiker Gottfried Wilhelm Leibnitz (1646–1716)

Durch das Zusammenwirken von Informatik, Telekommunikation und Nachrichtentechnik wurde das multimediale Zeitalter der weltweiten Kommunikation eingeläutet. Weitere Strukturveränderungen z. B. durch den Einbezug der Biotechnologie stehen vor der Tür.

Die Möglichkeiten, nicht nur die Arbeitskraft, sondern auch die menschliche Intelligenz in Bewegungsabläufen, Prozessen und Produkten zu ersetzen, führt zu grossen Auswirkungen in allen sozialen Strukturen. Das unaufhaltsame Vordringen der Computertechnik bedeutet, dass menschliche Arbeit immer mehr darin besteht, Arbeitsabläufe zu durchdenken und danach in Steuerprogramme zu übersetzen und den automatisierten Arbeitsablauf nach diesen Programmen zu überwachen. Die Arbeit verliert in vielen Bereichen weitgehend ihre körperlichen und sinnlichen Anforderungen und Belastungen. Das handwerkliche Können wird ersetzt durch das «Wissen, wie es geht». Gefragt ist das logische, analytische Denken sowie das absolut genaue Arbeiten im Zusammenhang mit computergestützten Werkzeugen.

Was der menschlichen Arbeitskraft vorbehalten bleibt, ist das, was der Computer mit seiner algorithmischen Programmsteuerung nicht kann, nämlich:

- **alles, was nicht im Voraus planbar ist**
- **alles, was sich nicht berechnen und in ein festes Schema einbinden lässt**
- **alle sozialen Begegnungen, in welchen sich Kreatives ereignen soll**
- **jede offene Kommunikation**

An der Entwicklung der Arbeitswelt kann der Bewusstseinsprozess der Menschen abgelesen werden. Bis zur Industrialisierung war vorwiegend die Handarbeit gefragt. Danach waren hauptsächlich seelische Aspekte (Interessen, Neigungen) von Bedeutung und heute sind es vermehrt geistige Fähigkeiten. Nicht was mir Spass macht, steht im Vordergrund, sondern was notwendig ist zu tun.

Die Automation stösst an Grenzen. Konkurrenzfähig wird, wer die menschlichen Ressourcen richtig einzusetzen weiss. Die Motivation kommt aus der Einsicht in die Zusammenhänge. Wo ist meine Arbeitskraft gefragt?

Der Weg führt vom Detailwissen zum intuitiven Erfassen.

Globalisierung

Die neuen Technologien bewirken durch die Internationalisierung der Wirtschaft eine Erhöhung des Wettbewerbsdruckes. Gleichzeitig sind die Ansprüche der Kunden gewachsen, so dass die Anforderungen an das individuelle Können im Erwerbsleben stark zugenommen haben.
Durch die verkürzte Lebensdauer und den ständigen Wechsel von Produkten und deren Produktions- und Vertriebstechniken (Bestellungen über Internet) und Werbestrategien verändern sich auch die Tätigkeiten und deren Anforderungen andauernd.
Zukünftige Berufsleute müssen deshalb fähig sein, auf der Basis von fundiertem Grundlagenwissen, je nach neuer Situation, laufend neues, kurzlebiges Spezial-

wissen zu erwerben und in vielfältigen Berufsgruppen zu arbeiten, (Leanproduction, Inselproduktion, Just in Time, Profitcenter, Qualitätszirkel usw.). Diese Flexibilisierung der Arbeit bedingt ständige Lernbereitschaft.

Durch die Flexibilisierung entstehen neue Arbeitsformen und Jobs

Viele Betriebe besinnen sich auf ihre Kerngeschäfte und fokussieren deshalb ihre benötigten Arbeitskräfte auf das Stammpersonal, welches Träger der Kernkompetenzen ist. Die übrigen Arbeitskräfte werden abgebaut oder ausgelagert. Beschäftigte im Dienstleistungssektor der Informations- und Kommunikationstechnologie setzen sich immer öfter aus Netzwerken unabhängiger «Unternehmer» zusammen (Freelancer, Selbstständige), welche sich in einem Projekt engagieren.

Durch solche Geschäftspartnerschaften haben die Arbeitgeber keine Verantwortung für die Personalauslastung und greifen auf menschliche Ressourcen zurück, welche wettbewerbsfähiger sind, weil sie vielfältigere Erfahrungen besitzen. Zudem können die Arbeitgeber schneller agieren, da sie von Fixkosten befreit sind.

Für die Arbeitnehmer bedeuten diese Tendenzen, dass sie zum Beispiel neben einem Hauptarbeitsverhältnis zur Deckung des Lebensunterhaltes von Fall zu Fall zusätzliche Arbeitsverhältnisse eingehen oder zeitlich befristete Aufgaben im Auftragsverhältnis übernehmen. Man arbeitet so in einer projektorientierten Selbstständigkeit und übernimmt die volle Eigenverantwortung.

Dies bringt neben Vorteilen auch Nachteile mit sich. Zu den Vorteilen zählen: Die Arbeitnehmer werden flexibler, sie können sich breiter qualifizieren, sie vermindern die Abhängigkeit von einem Arbeitgeber und gewinnen viel Freiheit in der Arbeits- und Lebensgestaltung. Der Nachteil ist: Sie müssen sich, je nach Arbeitsverhältnis, um ein aktives Beziehungsnetz für Neuaufträge kümmern und tragen das volle Risiko.

Die fortschreitende Individualisierung und die Forderung nach lebenslangem Lernen bringt einen Wandel der Werte mit sich und demzufolge eine neue Rollenteilung zwischen Mann und Frau. Paare haben sich, wenn sie Kinder wollen, mit der Frage auseinander zu setzen, wie sie Familie und Beruf unter einen Hut bringen können.

Das Ende der Vollzeitbeschäftigung?

Die Flexibilisierung der Arbeit geht nicht spurlos an den Arbeitskräften vorbei. Vollzeitangestellte werden in Zukunft eher eine Minderheit sein. Der Wechsel im Beschäftigungssystem in Richtung Flexibilisierung wird die Grenzen zwischen Erwerbstätigkeit und Nichterwerbstätigkeit verwischen. Der Mensch braucht deshalb zunehmend die Fähigkeit zum Selbstunternehmer, was die Anforderungen an die Selbstorganisation des privaten wie des beruflichen Lebens erheblich erhöht.

Welchen Grundanforderungen sollte der Mensch im modernen Arbeitsleben gerecht werden?

Fazit: Mit offenen Situationen umgehen können, d. h., die erworbene Fachkompetenz muss entsprechend der jeweiligen Situation mit anderen Fähigkeiten verbunden werden, zum Beispiel:

- **mit Verhandeln, Beraten, Erziehen, vielen sozialen Funktionen**
- **sich in komplexe Problemstellungen hineindenken**
- **mit anderen Menschen umgehen können**
- **Entscheide fällen können – Informationen interpretieren und weiterleiten ist wichtiger als Faktenwissen**
- **improvisieren können**
- **Fantasie haben – neue Situationen unvoreingenommen angehen können**
- **aus Übersicht handeln**
- **neue, ungewohnte Wege gehen können**

Wo werden vorwiegend die Grundlagen zu den heute geforderten Qualifikationen angelegt?

Einen möglichst grossen Schulsack anzustreben, reicht heute nicht mehr. Eine rein rationale Ausbildung wirkt lähmend und macht unfähig, Probleme flexibel zu lösen.
Eine tragfähige Haltung gegenüber unkalkulierbaren, nicht planbaren Veränderungen zu entwickeln, kann am besten in jenen Fächern oder Tätigkeiten veranlagt und gefördert werden, in welchen nicht von theoretisch Vorgedachtem ausgegangen wird, sondern in welchen der junge Mensch herausgefordert wird, von einer offenen Problemstellung aus seine Arbeit zu beginnen.
Er sollte dann jene Urteilskraft aus der unbefangenen Wahrnehmung entwickeln, die es ihm erlaubt, in der jeweiligen Situation neue Möglichkeiten und Ideen zu entdecken, aufzugreifen und in neue Handlungen umzusetzen.
Diese Fähigkeiten werden vor allem in den gestalterischen Fächern entwickelt.

Beim gestalterischen Arbeiten werden Fähigkeiten veranlagt, die später, in reale gesellschaftliche Situationen übertragen, sich zu Schlüsselqualifikationen entwickeln, welche eine grosse berufliche Flexibilität ermöglichen.

Vom Tun zum Denken ist ein Resultat dieser Methode, die immer vom Tun zum Begreifen fortschreitet (entwickelndes Denken). Dadurch erwerben die Schülerinnen und Schüler die Fähigkeit, sich das in einer bestimmten Situation notwendige Wissen möglichst selbstständig anzueignen, dies bildet die Grundlage zu lebenslangem Lernen.
Moderne Ausbildungen, z. B. in Bildungszentren der Industrie, verlaufen nach diesem Prinzip: Informieren (Wahrnehmen), Planen, Entscheiden, Realisieren, Kontrollieren und Auswerten sind dort Lernschritte zum ganzheitlichen Handeln.
In vielen Ausbildungsstätten erfolgt die Wissensvermittlung weitgehend durch eigene Erarbeitung. Dadurch erhalten die Auszubildenden nicht nur eine grösstmögliche Freiheit in der Gestaltung ihrer Tätigkeiten, sondern ein hohes Mass an Verantwortung. Befohlen und überwacht wird kaum noch. Was zählt, sind einzig die erbrachten Leistungen. Auch soziale Kompetenz, vernetztes Denken und kollegiales Handeln sowie Förderung der Kreativität sind Bestandteil neuzeitlicher Ausbildung.

Aus diesen Tendenzen, die je nach Berufsgebiet verschieden weit fortgeschritten sind, wird ersichtlich, dass sich die entscheidenden Basisqualifikationen in der modernen Arbeitswelt nicht mehr nur auf fachliche Fähigkeiten im bisherigen Sinne reduzieren lassen. Bei all diesen Entwicklungen und Veränderungen wird das Denken des Menschen herausgefordert und geschult. Der Mensch wird aufgerufen, wacher und aktiver, nicht nur aus betriebswirtschaftlicher, sondern vermehrt auch aus gesamtwirtschaftlicher Sicht und als Weltbürger verantwortungsvoll zu handeln.

Durch den Strukturwandel in der Arbeitswelt erfährt unser Bildungssystem starke Veränderungen. Die herkömmlichen Berufslehren werden z. B. zahlenmässig abgebaut. Viele Berufe verschwinden, weil sie zu breiteren Grundausbildungen mit ähnlichen Berufen zusammengefasst werden.
Die erste Berufswahl erhält einen anderen Stellenwert, und die Berufslaufbahnen werden kaum mehr geradlinig verlaufen.

5.2 Der Qualifikationsbedarf der Schweizer Wirtschaft

Die Frage, was die Wirtschaft an menschlicher Qualität braucht, darf nicht losgelöst betrachtet werden von dem, was sich als Anlagen in der heranwachsenden Generation entwickeln lässt. Denn aus diesen Anlagen fliessen der Gesellschaft und der Wirtschaft immer wieder diejenigen Kräfte zu, die neuen Herausforderungen gewachsen sind.

Das Soziologische Institut der Universität Zürich unter der Leitung von Prof. Dr. Geser untersuchte in Zusammenarbeit mit der Konjunkturforschungsstelle der ETH (KOF) in grosser Breite (2143 Firmen) den Qualifikationsbedarf der Schweizer Wirtschaft. Dieses Forschungsprojekt mit dem Titel «Wandel der Arbeitswelt», welches vom Schweizerischen Nationalfonds finanziert wurde, hatte zum Ziel, erstmals notwendige Basisdaten über den Qualifikationsbedarf zu beschaffen. Dabei berücksichtigte dieses Projekt nicht nur den Personalbedarf, sondern erfasste ebenfalls organisatorische und technologische Veränderungen in den Betrieben, die sich indirekt auf die Anforderungen an Arbeitsqualifikationen auswirken. Diese Untersuchungen werden periodisch wiederholt.

Zusammenfassung der Resultate

In allen Wirtschaftszweigen, ob Industrie oder Dienstleistungsbereich, wird den funktionsübergreifenden Anforderungen (Schlüsselqualifikationen) wie Sozial-, Methoden-, Selbstkompetenz und dem Verhalten am Arbeitsplatz ein stärkeres Gewicht zugemessen als der Fachkompetenz. Das «spezifisch fachliche Wissen», ein Kriterium der Fachkompetenz, nimmt allerdings einen ebenso hohen Rang ein wie die zuvor genannten übergreifenden Kompetenzen.

Was versteht man unter dem Begriff Kompetenz?

Unter Kompetenz allgemein versteht man eine Verbindung von Fähigkeiten, die eingesetzt werden, um eine bestimmte Anforderung zu erfüllen oder eine bestimmte Handlung vorzunehmen. (Leistung des Verstandes, logisch systematisches Denken)

Fachkompetenz
Unter Fachkompetenz werden fachliche Fähigkeiten wie Sprachen, Mathematik, technische Kenntnisse, betriebswirtschaftliches Wissen usw. und die Fertigkeiten verstanden, die es braucht, um eine Arbeitsleistung in der erforderlichen Qualität zu erbringen.

Nach dem «Schweizerischen Qualifikationsbuch» wird unter den fachübergreifenden Kompetenzen folgendes verstanden:

Methodenkompetenz
Lern- und Arbeitstechnik: z. B. einen eigenen Lernstil haben, Techniken der Informationsbeschaffung anwenden, Prüfungen wirksam vorbereiten
Arbeitsmethodik: z. B. Aufgaben und Arbeiten planen, Methoden der Zeiteinteilung anwenden, Arbeitsplatz einrichten
Präsentationstechnik: z. B. Darstellungstechniken anwenden, Layout und Texten beherrschen, rhetorische Regeln anwenden, Präsentationsprogramme am Computer kennen, freies Sprechen vor Gruppen beherrschen

Selbstkompetenz (fortgeschrittene Ich-Stärke, anschauende Urteilskraft)
Flexibilität: z. B. sich umstellen können, umdenken können, beweglich sein, sich wechselnden Situationen anpassen
Kreativität: z. B. eigene Lösungen für Probleme finden, Fantasie haben, improvisieren können, schöpferische Ideen haben
Selbstständigkeit: z. B. initiativ handeln, etwas ohne fremde Hilfe ausführen können, eigene Entscheide treffen

Sozialkompetenz (Qualität des Verhaltens)
Teamfähigkeit: z. B. gemeinsam eine Aufgabe lösen, sich in eine Gruppe integrieren, in der Gruppe Verantwortung übernehmen
Konfliktfähigkeit: z. B. Spannungen erkennen und lösen, Zerwürfnisse konstruktiv angehen, zur Schlichtung von Konflikte beigezogen werden
Kommunikationsfähigkeit: z. B. umgänglich sein, sich verständlich ausdrücken, Beziehungen aufbauen, Verständnis haben, sich einfühlen, zuhören können

In diesem Forschungsprojekt wurde darauf hingewiesen, dass infolge Technologiewandel, Personalreduktionen, Hierarchieabbau zunehmend Bedarf an polyvalenten Mitarbeitern vorhanden sei, die in der Lage sein sollten, sich in Zusammenarbeit mit anderen Fachkräften in kurzer Zeit mit neuen Problemstellungen vertraut zu machen. Im Rahmen von Bereichsschliessungen behielten in der Regel jene Berufsleute eine Anstellung, welche Fähigkeiten über ihr Fachgebiet hinaus entwickelt hätten.

Die Bedeutung der Ausbildung gemäss unserem Bildungssystem

In der Studie von Prof. Geser wurde auch detailliert nach den Qualifikationsanforderungen gefragt, die an die jeweils grösste Kategorie des Firmenpersonals gestellt wurde. Aus der Studie geht hervor, wie die folgende Tabelle zeigt, dass im deutschen Sprachraum Bewerberinnen und Bewerber mit einer Berufsausbildung in den Unternehmen aller Branchen und Grössen besonders gerne gesehen werden, denn sie bieten aufgrund ihrer Ausbildung Fachkompetenz und zumindest einen Teil fachübergreifender Kompetenzen.

Die Bewertungen, welche sich nicht überall mit den gängigen Meinungen decken müssen, sind in Prozenten angegeben.

Qualifikationsanforderungen an das Personal

Bildungsstufen	zwingend	erwünscht	nicht notwendig
Sekundarschule	26	53	21
Berufslehre	45	47	7
Matura	3	14	83
Höhere Fachprüfung	7	38	55
Hochschulstudium	4	11	85
Weiterbildungszertifikate	8	65	27

Zwei verschiedene Wertsysteme und Bildungskulturen in der Schweiz

Prof. Geser weist in einer weiteren Untersuchung darauf hin, dass in den beiden Sprachregionen, deutsche und französische Schweiz, über das Verhältnis zwischen Bildungs- und Arbeitswelt unterschiedliche Grundauffassungen bestehen.

In der Romandie wird davon ausgegangen, dass Bildung etwas in sich selbst Wertvolles ist, das man sich ausserhalb der Berufswelt in eigens dafür vorgesehenen formalen Organisationen, in einer Schule oder einem Studium, aneignet und das der allgemeineren, berufsunabhängigen Qualifizierung der Persönlichkeit dient. Demgegenüber werden Bildung und Beruf im deutschen Sprachraum eher als zwei sich einander durchdringende Sphären aufgefasst.

Was die Wirtschaft von der Schule erwartet

Unter dem Titel «Qualifikationsanforderungen an die Lernenden» wurden die Betriebe auch gefragt, «welche Kenntnisse und Fähigkeiten während der obligatorischen Schulzeit *stärker als bisher* vermittelt werden sollen». Erlaubt war die Nennung der «fünf wichtigsten Bereiche».

Die vorliegenden Antworten, die das Ergebnis von Klein-, Mittel- und Grossbetrieben sind, bekräftigen eindrücklich den immer häufiger werdenden Wunsch nach Förderung der Eigeninitiative (74 Prozent der Nennungen), der Teamfähigkeit und des Leistungswillens.

Weniger förderungswürdig erscheinen die klassischen Schulfächer. Am wenigsten Defizite sehen die Verantwortlichen in den Betrieben im Bereich der Naturwissenschaften oder in den verschiedenen Kulturfächern wie Geschichte oder Musik.

Eigeninitiative	**74**	**Konfliktfähigkeit**	**45**
Teamfähigkeit	**63**	**Kreativität**	**41**
Leistungswillen	**60**	**Wirtschaft, Recht, Staat**	**37**
Rechnen/Mathematik	**56**	**Französische Sprache**	**33**
Deutsche Sprache	**55**	**Gehorsam**	**13**
Englische Sprache	**53**	**Naturwissenschaften**	**11**
Computer/ EDV-Kenntnisse	**51**	**Kunst, Musik, Kultur**	**5**

5.3 Was erwarten Lehrbetriebe von Jugendlichen, welche eine Berufslehre absolvieren wollen?

Zum Thema «Qualifikation und Rekrutierung von Lernenden» wurde im Kanton Basel-Stadt und im Kanton Bern je eine Untersuchung durchgeführt. Ausgangspunkt der Studien in beiden Kantonen war die Unsicherheit vieler Jugendlicher auf dem Lehrstellenmarkt. Für viele unter ihnen ist die Schnittstelle zwischen Schule und Berufslehre ein unbekanntes Terrain, auf welchem sie nicht wissen, wie sie sich bewegen und verhalten sollen.

Der Übergang von der obligatorischen Schulzeit in eine nachobligatorische Ausbildung stellt Jugendliche sowie deren Eltern vor grosse Herausforderungen. Nachdem sich die Töchter oder Söhne mit ihren Interessen, Fähigkeiten und Wertvorstellungen auseinander gesetzt haben, sich über schulische und berufliche Ausbildungen und deren Anforderungen informierten, müssen Ausbildungswünsche und -präferenzen geprüft und mit der aktuellen Situation des Ausbildungs- und Lehrstellenmarktes in Verbindung gebracht werden.

Welche Ausbildung Jugendliche letztlich ergreifen, ist massgeblich von der wirtschaftlichen Lage, der Ausbildungsbereitschaft der Betriebe, dem Angebot-Nachfrage-Verhältnis, den Anforderungen der unterschiedlichen Berufe und den betrieblichen Erwartungen an die Lehrstellenbewerberinnen und -bewerber abhängig. Die Berufswahl ist demzufolge nur bedingt individuell steuerbar.

Die Struktur der Ausbildungsbetriebe in der Stadt Basel ist geprägt durch deren Funktion als regionales und wirtschaftliches Zentrum. Dienstleistung, Forschung und Produktion bilden die Schwerpunkte. Über drei Viertel aller Lernenden werden in Betrieben mit mehr als 250 Angestellten unter Vertrag genommen. An der Untersuchung nahmen 807 Unternehmungen teil. Demgegenüber besteht der Kanton Bern aus mehrheitlich Klein- und Mittelbetrieben in eher ländlicher Gegend. Diese Studie basiert auf einer schriftlichen Erhebung bei rund 1500 Lehrbetrieben in 32 ausgewählten Berufslehren im deutsch- und französischsprachigen Teil des Kantons Bern.

Das Ziel der Forschungsprojekte war es, die Situation im Übergang von der Schule in die Berufswelt zu untersuchen. Die Ergebnisse sollen dazu dienen, den Jugendlichen und ihren Eltern die Suche nach einer Lehrstelle zu erleichtern. Sie sollen zeigen, worauf die Lehrstellenanbieter besonders achten, welche Rekrutierungsschritte sie unternehmen und wie sich die Bewerberinnen und Bewerber auf dem Lehrstellenmarkt präsentieren sollen.

Der Inhalt der Untersuchungen, welcher sich in beiden Kantonen deckt, erstreckt sich auf folgende Themen:

- Die Suche nach dem geeigneten Lehrling/der geeigneten Lehrtochter
- Selektionsschritte vor Abschluss eines Lehrvertrages
- Der Zeitpunkt des Lehrvertragsabschlusses
- Das Bewerbungsschreiben
- Die Selektion
- Bedeutung der Informationsquelle
- Schlüsselqualifikationen
- Die bevorzugte schulische Vorbildung
- Konflikte am Arbeitsplatz
- Gründe für Lehrstellenabbrüche im ersten Lehrjahr

Das Auswahlprozedere

Sind Lehrstellen neu zu besetzen, so ist dies für die Mehrheit der Lehrbetriebe kein Problem. Um jede freie Lehrstelle bewerben sich durchschnittlich acht Personen, wobei diese Zahl je nach Berufslehre und Betrieb stark schwankt.

Die Auswahl der Lernenden ist für Betriebe wie auch für Bewerberinnen und Bewerber aufwändig. Die meisten Unternehmen richten sich nach wie vor nach dem klassischen Rekrutierungsmodell, d. h., bis es zur Unterzeichnung eines Ausbildungsvertrages kommt, haben die zukünftigen Lernenden in der Regel eine Schnupperlehre im Betrieb absolviert, an einem Bewerbungsgespräch teilgenommen und das Schulzeugnis gezeigt. Bei vier von fünf Betrieben ist es üblich, dass sich der oder die künftige Lernende gemeinsam mit Vater oder Mutter vorstellt. Bei solchen Treffen werden die gegenseitigen Erwartungen ausgetauscht. Zudem ermöglichen diese Begegnungen den Lehrbetrieben, einen weiteren Eindruck über die Jugendlichen und deren Umfeld zu gewinnen. Die Lehrstellenanbieter versuchen dadurch, die Unterstützung durch das Elternhaus abzuschätzen, und hoffen,

dass dieses mithilft, Krisen, die während der Ausbildung auftauchen können, besser aufzufangen.
Bei mehr als der Hälfte der Betriebe müssen Jugendliche, welche sich um eine Lehrstelle bewerben, zudem Tests über sich ergehen lassen.
Die Bedeutung der Schnupperlehre beim Rekrutierungsverfahren nimmt eine wichtige Stellung ein. Diente sie einst vorwiegend zur Überprüfung des Berufswunsches des Jugendlichen in der Realität, wird sie heute meist als Selektionsinstrument benutzt, das aus der Sicht der Betriebe Aufschluss über Kompetenzen und Eigenschaften der Bewerberinnen und Bewerber gibt.
Ein Grossteil aller Unternehmen beginnt mit der Sichtung der ersten Bewerbungen im Oktober. Bei Grossbetrieben kann diese auch schon vorher beginnen.

Der erste Eindruck
Das Bewerbungsschreiben ist für die meisten Betriebe eine erste «Visitenkarte» der Jugendlichen und entscheidet darüber, ob das Bewerbungsdossier weiterbearbeitet werden soll. Diese erste Hürde wird von den Jugendlichen oft unterschätzt. So schicken nicht wenige Bewerbungen ab, welche unvollständig sind, mangelnde Deutschkenntnisse (Französischkenntnisse im französischsprachigen Teil) ausweisen und formal den Anforderungen nicht entsprechen.

Die Selektion
Zu Beginn des gesamten Bewerbungsverfahrens sind vor allem schulische Leistungsnachweise wichtig. Eine Übersicht über die Wichtigkeit der darin gemachten Angaben verdeutlicht, dass es oft die unentschuldigten Absenzen sind, welche die Vorselektion der eingehenden Bewerbungen massgeblich beeinflussen. Für die Lehrmeisterinnen und Lehrmeister ist die Beachtung dieses Punktes deshalb wichtig, weil er Auskunft über Zuverlässigkeit und Charakter des Jugendlichen und des Elternhauses gibt.
Nachfolgend genannt wurden die Zeugnisnoten sowie deren Entwicklung in den letzten Jahren, die entschuldigten Absenzen und der besuchte Schultyp.
Genügt das Bewerbungsdossier den Ansprüchen des Betriebes, hat der Jugendliche die erste Hürde der Selektion gemeistert. Danach lassen sich die Lehrmeisterinnen und Lehrmeister vom persönlichen Eindruck leiten, den die Bewerberinnen und Bewerber hinterlassen. Die Hauptinformationsquelle ist demnach der junge Mensch selbst. Seine individuellen Eigenschaften stehen im Zentrum des gesamten Rekrutierungsprozesses. Vor allem während der Schnupperlehre bildet sich der Lehrmeister einen allgemeinen Eindruck des Jugendlichen, der ihn bei der Wahl für einen Jugendlichen massgeblich leitet.

Wichtige Kompetenzen und Eigenschaften
Bei der Selektion ihrer Lernenden achten die Betriebe vor allem auf die Individualität, d. h. auf die Selbst- und Sozialkompetenz und die Mathematikkenntnisse. Danach sind die Deutschkenntnisse (Französisch im französischsprachigen Teil der Schweiz) wichtig. Bei handwerklichen Berufslehren ist daneben das Handgeschick entscheidend.

In einer Untersuchung in acht Grossbetrieben vom Bildungsfachmann Urs Moser (Nov. 2001), welche sich auf 1420 Jugendliche bezieht, die sich für eine Lehrstelle in den Gebieten Informatik / Mediamatik, kaufmännische Berufe, Labor, Logistik, Technik / Werkstatt und Verkauf bewarben, werden die Untersuchungsresultate von den Kantonen Basel-Stadt und Bern grundsätzlich bestätigt. Für die zum Teil anspruchsvollen Berufe werden sehr gute Leistungen in Deutsch und Mathematik vorausgesetzt.
Äussere Erscheinung und familiäre Herkunft der Bewerbenden werden ebenfalls, wenn auch nicht prominent, beachtet.
Neben der Fähigkeit und dem Willen, sich in einen Betrieb einzufügen, werden auch traditionelle Arbeitstugenden hervorgehoben: Fleiss und Pflichtbewusstsein, Pünktlichkeit und Ordnungssinn, Sauberkeit und Sorgfalt.

Um einen bestimmten Beruf zu erlernen, sollten die Jugendlichen, neben den verlangten Fähigkeiten, auch einige ausserschulische Qualifikationen, so genannte Schlüsselqualifikationen, mitbringen, die ihnen und dem Lehrbetrieb die Ausbildung erleichtern.

Oft ist es schwierig, diesen Qualifikationen während der kurzen Bewerbungsphase auf die Spur zu kommen. Aus vierzehn dieser Schlüsselqualifikatio-

nen sollten die Ausbildungsverantwortlichen jene drei nennen, die sie von Lernenden schon zu Beginn der Lehre erwarten.
Die Resultate weisen auf einen Lernenden hin, der seine ihm auferlegten Arbeiten mit Interesse und Motivation angeht, sich in ein Team integrieren lässt und zuverlässig ist. Diese Ergebnisse decken sich mit Feststellungen, die sich auch anderenorts ergaben. So lässt sich Zuverlässigkeit unmöglich mit unentschuldigten Absenzen vereinbaren. Dasselbe gilt für die Teamfähigkeit. Nur Jugendliche, welche gute Umgangsformen haben und sich zu benehmen wissen, lassen sich in eine Belegschaft integrieren.

Konflikte am Arbeitsplatz, Lehrvertragsauflösungen

Die verlangten Schlüsselqualifikationen als Qualität der Verhaltensweisen werden hauptsächlich zu Hause angelegt und gefördert. Bei mangelhafter Erziehung kann dies, neben anderen Faktoren, zu Konflikten am Arbeitsplatz führen.
Trotz der aufwändigen Rekrutierungsverfahren müssen Betriebe Lehrverträge mit Jugendlichen im Laufe des ersten Lehrjahres auflösen. Die Quote der Lehrvertragsauflösungen im Jahr 2003 liegt in Basel bei 16 % und im Kanton Bern bei 19 %. Die Gründe hierfür schreiben die Verantwortlichen zum einen der mangelnden schulischen und beruflichen Leistung sowie der ungenügenden Ernsthaftigkeit der Jugendlichen zu. Dazu zählen Desinteresse, Respektlosigkeit, fehlende Disziplin, unentschuldigte Absenzen usw.
Zum anderen ist oft auch eine falsche Berufswahl ausschlaggebend. Entweder haben einzelne Lehrbetriebe nicht seriös genug die Eignung der Bewerbenden abgeklärt oder, was viel mehr vorkommt, die Jugendlichen haben die erstbeste Lehrstelle, die sie ergattern konnten, besetzt, ohne grosse Rücksichtnahme auf die eigenen Interessen und Fähigkeiten. Nicht alle Auflösungen der Lehrverhältnisse enden in einem Fiasko. Rund die Hälfte der Jugendlichen entscheiden sich für eine andere Lösung. Um jedoch nicht in eine Leere zu fallen, wäre es sehr wichtig, wenn die Jugendlichen einen definitiven Austritt erst planen, wenn sie eine neue Perspektive erarbeitet haben, welche Gründe auch immer zur Vertragsauflösung geführt haben mögen.

Hinweis

Welche Vorbildung müssen Jugendliche aus der Volksschule mitbringen, um in einer Lehre Erfolg zu haben? Diese Frage beantworten die berufsspezifischen Kompetenzprofile, welche durch Befragung von Lehrmeisterinnen und Lehrmeistern sowie Berufsfachschullehrkräften entstanden. Als Vergleichsinstrument kann es Schülerinnen und Schülern dienen, die eigenen schulischen Vorkenntnisse zu erfassen und diese mit den Anforderungen der Lehre zu vergleichen. Kompetenzprofile von gegen 50 Berufslehren, welche auch Lehrkräften Anregungen für den Unterricht geben können, sind abrufbar unter *www.kgv.ch* (Kompetenzprofile).

Als Hilfsmittel für die Selektion von zukünftigen Lernenden führen Institutionen im Auftrag von Lehrfirmen «berufsbezogene Eignungstests» durch. Die meistverbreiteten Eignungsabklärungen für Lehrstellenbewerber und -bewerberinnen sind:
Multicheck (*www.multicheck.ch*) und Basic Check (*www.basic-check.ch*).
In beiden Verfahren werden hauptsächlich Schulkenntnisse getestet und somit die Eignung für einen bestimmten Beruf geprüft (Schulstoff 8. Klasse). Testbeispiele sind im Internet abrufbar.

Tipps rund um die Lehrstellensuche:

Die Arbeitsmappe «Von der Bewerbung zur Lehrstelle» von Toni Fuchs und Stefan Meier wurde im Laufbahnzentrum der Berufsberatung der Stadt Zürich unter Fachbegleitung der Lehrerschaft und von Personalfachleuten entwickelt. Sie gibt Jugendlichen u. a. Auskunft zu den Fragen: Wie suche ich eine Lehrstelle? Wie komme ich zu Adressen? Wie bewerbe ich mich richtig? Wie funktionieren Eignungsabklärungen? Wie kann ich mich auf ein Vorstellungsgespräch vorbereiten?
Bezugsquelle: Schweizerischer Verband für Berufsberatung, Tel. 044 801 18 99 oder *www.svb-asosp.ch/medienshop*. Weitere Tipps zur Lehrstellensuche sind zu finden unter folgenden Internet-Portalen: *www.berufsberatung.ch* (Lehrstellensuche) und *www.berufswahlmagazin.ch*.

6. Bildungswege

Bildungsabschlüsse als Wegbereiter

Zu den vielfältigen Anforderungen der Arbeits- und Berufswelt an die Berufsausübenden, stellt der Staat oder stellen private Bildungsinstitutionen Schulungsmöglichkeiten, respektive Bildungswege mit entsprechend anerkannten Abschlüssen zur Verfügung, angefangen von der Volksschule (Primarstufe) bis zur Hochschulstufe.

Von den jeweiligen Bildungsinstitutionen, die eine Schülerin und ein Schüler durchläuft, hängt es ab, welche Berufsaussichten nach welchem Bildungsabschluss offen stehen. Die beruflichen Realisierungsmöglichkeiten sind nach der obligatorischen Schule stark durch die frühe Selektion beim Übergang von der Primarstufe in die Sekundarstufe vorgegeben. Ein Jugendlicher einer Herkunftsschule, die eine grundlegende Allgemeinbildung vermittelte, wird eingeschränktere Realisierungsmöglichkeiten seines Berufswunsches haben als einer, der eine Schule mit erweitertem Grundanspruch und anspruchsvollem allgemein bildendem Unterricht durchlief.

Daraus den Schluss zu ziehen: «Je höher die schulische Bildung, desto grösser die Aussicht, später eine befriedigende Arbeitsstelle zu finden», ist fragwürdig. Denn was nützt jemandem eine höhere Schulbildung, wenn ihm die Motivation bei der Arbeit fehlt oder wenn sein problematisches Verhalten seiner Laufbahn im Wege steht?

Bildungsabschlüsse in der Schweiz

Abschluss der Volksschule

Obligatorisch sind in der Schweiz neun Jahre Volksschule. Je nach Kanton werden verschiedene Abschluss-Niveaus unterschieden, z. B. Real-, Sekundar- oder Oberschule.

Allgemeinbildende Abschlüsse

Berufsmaturität (BM)

Die Berufsmaturität bietet eine erweiterte Allgemeinbildung in sechs Vertiefungsrichtungen und berechtigt zum prüfungsfreien Eintritt in eine Fachhochschule (FH). Die Berufsfachschulen (frühere Bezeichnung Berufsschulen) vermitteln die schulische Bildung.

Fachmaturität/Fachmittelschulausweis

Fachmittelschulen (FMS) sind kantonale Vollzeitschulen auf Mittelschulniveau und bereiten auf weiterführende Ausbildungen, vor allem in den Bereichen Gesundheit, Soziales, Erziehung und Kultur, vor. Fachmittelschulen sind aus den früheren Diplommittelschulen DMS hervorgegangen und stellen heute einen schulischen Weg zwischen beruflicher Grundbildung (Berufslehre) und Gymnasium dar.

Mit dem Fachmittelschulausweis nach drei Jahren wird der Zugang zu höheren Fachschulen (HF), mit der Fachmaturität nach vier Jahren zu gewissen Fachhochschulstudiengängen (FH) geöffnet.

Gymnasiale Maturität

Gymnasien bereiten auf ein Hochschulstudium an einer Universität oder an einer Eidg. Technischen Hochschule ETH vor. Mit einer zusätzlich erarbeiteten Berufspraxis, in der Regel in einem der Studienrichtung entsprechenden Beruf, ist der Besuch einer Fachhochschule (FH) ebenfalls möglich.

Erwachsene können die Eidg. Maturität nachholen.

Berufliche Grundbildung

Eidg. Fähigkeitszeugnis (EFZ)

3- und 4-jährige berufliche Grundbildungen (Berufslehren) schliessen nach Bestehen eines Qualifikationsverfahrens (Lehrabschlussprüfung) mit dem Eidg. Fähigkeitszeugnis (EFZ) ab. Erwachsene mit einer 5-jährigen Berufspraxis können durch eine Nachholbildung nach einem Qualifikationsverfahren ebenfalls das Eidg. Fähigkeitszeugnis erlangen.

Eidg. Berufsattest (EBA)
2-jährige berufliche Grundbildung, welche mit einem Eidg. Berufsattest abschliesst. Die Anforderungen sind weniger hoch als bei beruflichen Grundbildungen mit Eidg. Fähigkeitszeugnis. Der Übertritt in eine anschliessende berufliche Grundbildung (EFZ) ist möglich.

Höhere Berufsbildung

Eidg. Fachausweis, Berufsprüfung (BP)
Die Berufsprüfung qualifiziert für Stellen, die vertiefte Fachkenntnisse und/oder Führungsqualitäten verlangen. Mehrjährige Berufspraxis im entsprechenden Tätigkeitsgebiet und meistens eine abgeschlossene berufliche Grundbildung werden vorausgesetzt.

Eidg. Diplom, Höhere Fachprüfung (HFP)
Die Höhere Fachprüfung (auch Meisterprüfung genannt) befähigt, einen Betrieb selbstständig zu führen oder im entsprechenden Beruf eine Stellung im mittleren bis höheren Kader einzunehmen. Vorausgesetzt werden: Berufsprüfung und mehrjährige Berufspraxis in leitender Funktion.

Höhere Fachschule (HF)
Höhere Fachschulen bieten meistens 3-jährige, in der Regel berufsbegleitende Lehrgänge mit hohem Praxisbezug an. Absolventen dieser Schulen können in ihrem Aufgabenbereich selbstständig Fach- und Führungsverantwortung übernehmen. Vorausgesetzt wird eine berufliche Grundbildung in einem entsprechenden Beruf, Berufserfahrung und Berufstätigkeit während der Dauer des Lehrganges.

Hochschulstufe

Fachhochschule (FH)
Praxisorientierte Hochschulen in verschiedenen Bereichen. Berufsleute mit einem FH-Diplom sind sehr gut qualifizierte und entsprechend begehrte Spezialistinnen und Spezialisten. Sie finden sich auf allen Kaderstufen. Vorausgesetzt für den prüfungsfreien Eintritt wird: eine Berufsmaturität, eine Fachmaturität oder eine Eidg. Maturität mit Berufspraxis. Es können zusätzlich berufsspezifische Eignungsprüfungen durchgeführt werden. Abschlüsse: Bachelor nach mind. 3 Jahren; Master zusätzlich 1 1/2 bis 2 Jahre. Ein Teilzeit- oder berufsbegleitendes Studium dauert entsprechend länger.

Universität/Eidg. Techn. Hochschule (U/ETH)
Wissenschaftliche Hochschulen, welche auf akademische Berufe vorbereiten. Ausgebildet werden Spezialistinnen und Spezialisten, welche in der Forschung, in der Lehre, in vielen Gebieten mit hoch qualifizierten Spezialaufgaben und im mittleren bis höheren Kader tätig sind. Zulassungsbedingungen: Eidg. Maturität. Eine Zulassungsprüfung ist in speziellen Fällen möglich. Für Berufsmaturanden eröffnet die so genannte «Passerelle» den Weg an die universitären Hochschulen, (siehe Seite 66). Abschlüsse: Bachelor nach mind. 3 Jahren; Master zusätzlich mind. 1 bis 2 Jahre, Doktorat nach entsprechender wissenschaftlicher Arbeit.

Nachdiplomstudien (NDS)
In diversen Bereichen ist ein zusätzlicher Studienabschluss möglich, z. B. Betriebswirtschaft für Architekten. Voraussetzung ist in der Regel ein abgeschlossenes Hochschul- oder Fachhochschulstudium oder eine höhere Fachschule. Teilweise gelten auch andere Zulassungsbestimmungen.

Hinweis
Neben den öffentlich geregelten Abschlüssen gibt es viele weitere Abschlüsse, welche von Berufsverbänden oder anderen Organisationen anerkannt sind.
Zudem ermöglicht das Berufsbildungsgesetz Erwachsenen den Zugang zu eidgenössischen Abschlüssen der Berufsbildung, indem ihnen berufliche oder ausserberufliche Praxiserfahrung und fachliche oder allgemeine Bildung angemessen angerechnet werden, die sie ausserhalb eines üblichen Bildungsganges erworben haben. Weitere Informationen zu diesem Thema siehe *www.validacquis.ch.*

6.1 Bausteine der nationalen Bildungsangebote

Um Bildungsziele verwirklichen zu können, bestehen die Wege dazu aus vielen Etappen oder Teilzielen mit entsprechenden Abschlüssen, die in der Regel aufeinander abgestimmt sind. Diese finden ihren Niederschlag in den Schul- und Bildungssystemen der einzelnen europäischen Länder.
Studienabschlüsse wie Berufsabschlüsse und Abschlüsse, die durch Weiterbildung erworben wurden, finden meistens überall Anerkennung, egal an welchem Ort und durch welche Bildungsinstitution diese erworben wurden. Bedingung ist, dass die von den zuständigen Behörden für die Bildungspolitik aufgestellten Bildungsvorschriften eingehalten werden, welche Qualitätsstandards festlegen sowie Transparenz und Vergleichbarkeit der Abschlüsse ermöglichen.

Durch die Globalisierung der Wirtschaft wird die gegenseitige Anerkennung von Bildungsabschlüssen über Landesgrenzen hinweg immer wichtiger. Denn die nationalen Bildungssysteme der verschiedenen europäischen Länder sind sehr unterschiedlich.

So ist zum Beispiel der Erwerb konkreter beruflicher Fähigkeiten und Fertigkeiten nach der obligatorischen Schulzeit in den einzelnen europäischen Ländern unterschiedlich. Während der Einstieg in die Berufswelt durch eine Berufsausbildung (Berufslehre) in Deutschland, Österreich, Dänemark und der Schweiz von gegen 60 % der Jugendlichen benutzt wird, ist der Anteil Jugendlicher an einer Berufslehre in Finnland und Irland geringer. In Frankreich und in den Niederlanden spielt die Berufslehre eine untergeordnete Rolle, während man in den übrigen europäischen Ländern die Berufslehre nicht kennt. Dafür besteht in diesen Ländern die Möglichkeit, die Berufsausbildung in Schulen zu absolvieren. Als Vorteil der Berufslehre wird von Experten, neben dem fachlichen und methodischen Lernen im Hinblick auf die konkrete Berufspraxis, die Vermittlung sozialer Fähigkeiten geschätzt. Zudem werde, aufgrund des starken Praxisbezugs in der Arbeitswelt, der Übergang der Jugendlichen vom Schulsystem ins Erwerbsleben deutlich erleichtert und dadurch die Jugendarbeitslosigkeit niedrig gehalten. Schliesslich wird darauf hingewiesen, dass die Berufsausbildung auch schulisch Schwächeren die Möglichkeit bietet, sich zu qualifizieren.

Trotz der verschiedenen nationalen Schul- und Bildungssysteme lassen sich die Bildungsstufen als Bausteine für die Bildungswege für alle europäischen Länder vereinfacht in folgende Bereiche einteilen: in die Primarstufe, die Sekundarstufe I, die Sekundarstufe II und die Tertiärstufe.

Diese Grundstrukturen können in allen europäischen Bildungssystemen beobachtet werden, jedoch weichen die Inhalte je nach traditionellen Gegebenheiten und Eigenheiten der Länder voneinander ab. Ein wichtiger Gesichtspunkt für die Gestaltung der Bildungswege sind die Schul- und Berufsabschlüsse. Welcher Abschluss ist für welche weiteren Schritte nützlich?

Das Bildungssystem der Schweiz in vereinfachter Darstellung

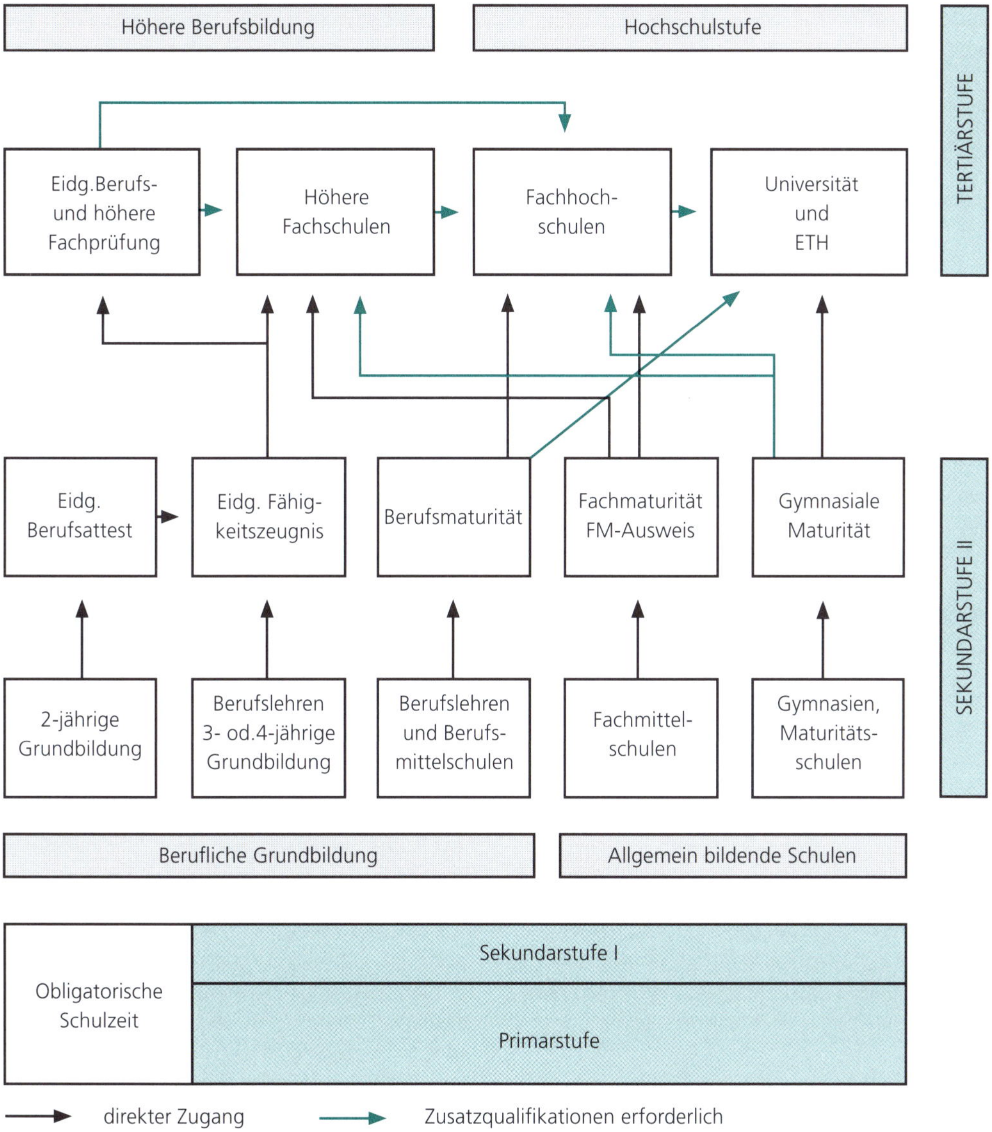

Anmerkung

Die vereinfachte grafische Darstellung des Bildungssystems zeigt allgemein gültige, direkte Wege auf. Im Einzelfall sind weitere Wege möglich, welche im Abschnitt 6.2 «Das Berufsbildungssystem in der Schweiz» beschrieben werden.

Primarstufe, auch Grundschule genannt

In die Primarschule treten die Kinder in den meisten Ländern frühestens mit sechs Jahren ein. Der Schulbesuch ist für alle Kinder obligatorisch und in Staatsschulen kostenlos.

Als Hauptziel der Primarschule gilt allgemein, ein ausgewogenes Verhältnis zwischen sozialen, persönlichen und fachlichen Fähigkeiten zu erreichen. Im Gegensatz zur Sekundarstufe I werden die Kinder auf der Primarstufe in der Regel nicht in Leistungsgruppen eingeteilt.

Sekundarstufe I

Die Sekundarstufe I folgt auf die Primarstufe. Es ist der zweite Teil der obligatorischen Schulzeit. Die Sekundarstufe I vermittelt eine grundlegende Allgemeinbildung. Sie bereitet auf eine berufliche Grundbildung oder den Übergang in Mittelschulen (z. B. Gymnasien) vor.
Die Sekundarstufe I ist deshalb in den meisten Ländern nach unterschiedlichen Leistungsgruppen eingeteilt, in solche mit Grund- und solche mit erweiterten Ansprüchen.

Schultypen mit Grundansprüchen fördern die praktischen Fähigkeiten und die Allgemeinbildung der Schülerinnen und Schüler und bereiten auf berufliche Grundbildungen vor.
Schultypen mit erweiterten Ansprüchen erweitern die Allgemeinbildung und bereiten auf Mittelschulen, z. B. Gymnasien, Fachmittelschulen, auf berufliche Vollzeitschulen oder auf anspruchsvolle berufliche Grundbildungen vor. Die Durchlässigkeit zwischen den Schultypen mit Grundansprüchen und den Schultypen mit erweiterten Ansprüchen ist gewährleistet. Die Schülerinnen und Schüler können im Sekundarbereich I zwischen 12 und 16 Jahre alt sein.

Sonderschulen

In diesen Schulen werden Jugendliche mit einer Behinderung oder mit speziellen Lernschwierigkeiten in Sonderformen der allgemein bildenden und beruflichen Schulen, teilweise auch integrativ zusammen mit Nichtbehinderten, gefördert.

Sekundarstufe II

Nach der obligatorischen Schule (Pflichtschule) treten Jugendliche in die Sekundarstufe II über.
Die Sekundarstufe II lässt sich unterteilen in allgemein bildende und in berufsbildende Ausbildungsgänge. Allgemein bildende Schulen in der Schweiz sind Gymnasien, Berufsmittelschulen und Fachmittelschulen. Zur Berufsbildung gehören 2-, 3- oder 4-jährige Grundbildungen sowie berufliche Vollzeitschulen. Ein Abschluss auf der Sekundarstufe II berechtigt zu einer weiterführenden Ausbildung auf der Tertiärstufe.

Rudolf Steiner Schulen

Die Rudolf Steiner Schulen nehmen im Schweizerischen Bildungssystem eine Sonderstellung ein. Es wird in diesen Schulen nicht unterschieden zwischen Primarstufe und Sekundarstufe I und II, und somit gibt es auch keine Begabten-Auslese mit für das weitere Leben teilweise belastender Prägung. Es wird nicht selektiert, sondern integriert.
Die Rudolf Steiner Schulen in der Schweiz umfassen ein Bildungsangebot vom 1. bis 12. Schuljahr mit Vorschulstufe.
Die Klassenstufen 10 bis 12 bilden die integrative Mittelschule IMS, welche die Lernbereiche Sprachen, Mathematik, Naturwissenschaften, Geistes- und Sozialwissenschaften, musische Aktivitäten und Bewegung umfasst. Diese entspricht der Sekundarstufe II. Die Schulen integrieren Schülerinnen und Schüler unterschiedlicher Begabungen, die in stabilen Klassengemeinschaften miteinander lernen, um individuelle Fähigkeiten und soziale Kompetenzen für das ganze Leben und nicht nur für die nächste Bildungsstufe zu entwickeln. Lehrpläne und Unterrichtsformen sind entwicklungsfördernd aufgebaut. Diese grundlegenden Lernbereiche werden ergänzt durch Praktika ausserhalb der Schule auf verschiedenen Klassenstufen, durch die Vertiefung berufsfeldbezogener Lernbereiche in gewählten Schwerpunktfächern und durch selbstständige Arbeiten und Projektinitiativen, welche eigenständige Erfahrungen in der Arbeits- und Kulturwelt ermöglichen.
Daraus ergibt sich, dass die Stundenpläne anders aufgebaut sind als diejenigen von Staatsschulen. Zwar werden praktisch die gleichen Fächer wie an Staats-

schulen unterrichtet, jedoch auf eine andere Art und zu anderer Zeit. Deshalb kann zum Beispiel eine Steiner-Schülerin der neunten Klasse schulisch nicht mit einer gleichaltrigen Schülerin von der Staatsschule verglichen werden.

Nach erfolgreichem Abschluss der 12. Klasse erhalten die Schülerinnen und Schüler an den meisten Schulen ein IMS-Zertifikat

Nach Wahl und Befähigung können sie Zusatzqualifikationen erwerben.

So bescheinigt der *Abschluss IMS F,* dass die Fachhochschulreife in den allgemein bildenden Fächern erreicht ist, und öffnet den Weg zu bestimmten Studiengängen an Fachhochschulen und Höheren Fachschulen.

Mit einer Zusatzqualifikation *IMS M* ist der prüfungsfreie Eintritt in die Sekunda eines staatlichen Gymnasiums möglich oder der Eintritt in die Berufsmittelschule (BMS).

Die Zusatzqualifikation *IMS B* öffnet den Weg zur Berufslehre und bietet die Möglichkeit, dass Schülerinnen und Schüler vom Unterricht und der gewerblich-industriellen Lehrabschlussprüfung in den allgemein bildenden Fächern dispensiert werden.

Grundsätzlich stehen Absolventinnen und Absolventen von Rudolf Steiner Schulen nach zwölf Jahren alle Bildungsgänge offen.

Die Frage der Positionierung der Rudolf Steiner Schule im Bildungssystem der Schweiz und die Zulassung zu weiterführenden Ausbildungen wird unter den Schulen laufend intensiv bearbeitet.

Aufgrund eines Gutachtens der Universität St.Gallen zeigt sich, dass die Integrative Mittelschule IMS in den Grundlagen- und Schwerpunktfächern grundsätzlich als gleichwertig einzustufen ist gegenüber dem Abschluss einer Berufsmaturität gestalterischer, gesundheitlicher und sozialer Richtung sowie gegenüber einer Fachmittelschule. Zur Klärung von Zulassungsfragen zu weiterführenden Bildungswegen nach Austritt aus einer Steiner Schule geben die betreffenden Schulen Auskunft.

Tertiärstufe

Zur Tertiärstufe gehören Ausbildungen im Rahmen der höheren Berufsbildung, der Fachhochschulen einschliesslich Pädagogischer Hochschulen (PH) sowie der verschiedenen Hochschulen.

Die berufsorientierte Weiterbildung

Die berufsorientierte Weiterbildung ist Teil jeder Bildungsstufe und ist unbesehen des Lebensabschnittes eine Daueraufgabe.

Weiterbildung bedeutet organisiertes Lernen und beginnt nach dem Abschluss einer ersten Bildungsphase. Ziel jeder Weiterbildung ist es, neue Kenntnisse, Fähigkeiten und Kompetenzen zu erlernen, zu vertiefen und zu erweitern. Weiterbildung ist gezieltes Lernen – vom Selbststudium mithilfe von Fachliteratur über Internet bis hin zum Weiterbildungskurs.

Es gibt unzählige Institutionen, staatlich geführte und auf privater Basis, welche Weiterbildungslehrgänge und -kurse anbieten. Manchmal ist es für den Weiterbildungswilligen nicht leicht zu beurteilen, welche Kurse als seriös eingestuft werden können. Die Inhalte folgender Beurteilungskriterien geben Aufschluss über die Qualität eines Weiterbildungsangebotes:

Schulunterlagen, Lernziel, Bildungsberatung, Qualifikation der Lehrkräfte, Zeitaufwand, Teilnehmerfeld, Referenzen und Prüfungserfolge, Zertifikate oder Diplome, Erfolgskontrollen, Finanzierung und Rücktrittsmöglichkeiten.

6.2 Das Berufsbildungssystem in der Schweiz

Während bis vor wenigen Jahren Jugendliche nach der obligatorischen Schulzeit nur zwischen einer Berufslehre oder einem Gymnasium wählen konnten, eröffnet das heutige Berufsbildungssystem praktisch unbegrenzte Möglichkeiten. So können leistungsfähige und motivierte junge Menschen auf jedem Ausbildungsweg eine Maturität erlangen und später ein Studium ergreifen. Im Hinblick auf die biografische Entwicklung müsste jedoch erwogen werden, ob dies das alleinige Ziel aller Bestrebungen sein kann.

Die Bildungswege im Berufsbildungssystem sind auf der Sekundarstufe II und der Tertiärstufe angesiedelt. Die Berufsbildung baut auf klar definierten Bildungsangeboten auf und ist von einer hohen Durchlässigkeit geprägt: Der Besuch weiterführender Bildungsangebote und ein Tätigkeitswechsel im Verlauf des Berufslebens sind ohne Umwege möglich. Auf allen Ebenen ist zudem ein vielfältiges Weiterbildungsangebot vorhanden.
Die Berufsbildung deckt ein breites Spektrum an Bildungsmöglichkeiten ab. Die Angebote berücksichtigen unterschiedliche Fähigkeiten und sind auf die Bedürfnisse der verschiedenen Altersklassen ausgerichtet.

Neue Begriffe

Durch das seit dem 1.1.2004 geltende neue Berufsbildungsgesetz haben neue Begriffe Einzug gehalten. So heisst die neue Bezeichnung für die Berufslehre Berufliche Grundbildung mit Fähigkeitszeugnis. Die Berufs- oder Gewerbeschule wird zur Berufsfachschule. Der Lehrling heisst neu der Lernende. Anstelle von Lehrmeisterin und Lehrmeister wird Berufsbildungsverantwortliche geschrieben.
Des besseren Verständnisses wegen wurden in dieser Broschüre meistens auch die bisherigen Bezeichnungen erwähnt.

SEKUNDARSTUFE II

BERUFLICHE GRUNDBILDUNG

Die Berufslehre

Neue Bezeichnung: «Berufliche Grundbildung mit Eidg. Fähigkeitszeugnis»)

Die Berufslehre ist die wichtigste Form der beruflichen Grundbildung. Sie vermittelt eine im internationalen Vergleich hoch stehende fachliche Ausbildung. Rund 3/5 aller Schweizer Jugendlichen eines Jahrgangs wählen diese Ausbildungsart. Es gibt über 200 Berufslehren.
Das Ausbildungsziel einer Berufslehre ist, den Jugendlichen die Fähigkeiten und Kenntnisse zu vermitteln, die zur Ausübung eines Berufes notwendig sind. Zudem soll diese Lehre die Entfaltung der Persönlichkeit fördern und das Verantwortungsbewusstsein stärken.
Neueste Untersuchungen bestätigen, dass die Berufslehre eine alte und trotzdem sehr moderne Lernform ist. Denn was ein Auszubildender in einer gut organisierten Lehre z. B. in Bezug auf Verfahrenstechnik, Produktionswissen, Qualitätseinhaltung, Sicherheitsstandards und Umweltnormen, aber auch Arbeitsverhalten und Einbezug neuer Informations- und Kommunikationstechniken lernt, kann kein theoretisch angelegter Grund- oder Weiterbildungskurs ersetzen.
Die Ausbildung basiert auf dem dualen (zweifachen) Bildungssystem. Gemeint ist damit die praktische Ausbildung in einem Lehrbetrieb einerseits und der theoretische Unterricht in der Berufsfachschule (alte Bezeichnung: Berufsschule) andrerseits.
Je nach Beruf geht ein Jugendlicher 1 bis 2 Tage pro Woche in die Berufsfachschule, die übrige Zeit verbringen die Auszubildenden im Lehrbetrieb. In verschiedenen Berufen gibt es zudem noch überbetriebliche Kurse, in welchen grundlegende Fertigkeiten gelernt werden.
(Im kaufmännischen und Informatikbereich gibt es auch die Möglichkeit, über eine Vollzeitschule mit

Praktika eine anerkannte Berufslehre zu absolvieren.)
Die Berufsbildungsverantwortlichen (Lehrmeisterinnen und Lehrmeister) sind verpflichtet, Lernende nach den vom Bundesamt für Berufsbildung und Technologie festgelegten Ausbildungsvorschriften anhand eines Bildungsplans sachgemäss, systematisch und verständnisvoll auszubilden und dabei die Ausbildung im Betrieb mit dem Unterricht in der Berufsfachschule möglichst zu koordinieren. Die Lernenden selbst sind verpflichtet, alles zu tun, um das Lehrziel zu erreichen, die Anordnungen der Vorgesetzten zu befolgen und die ihnen übertragenen Aufträge gewissenhaft auszuführen.
In einem Lehrvertrag, der vom Kantonalen Amt für Berufsbildung genehmigt werden muss, werden die Rechte und Pflichten umschrieben. Die Vertragspartner sind die Lernenden, deren Eltern (oder gesetzliche Vertreter) und der Berufsbildungsverantwortliche. Der kantonalen Behörde obliegt die Aufsicht über die Lehrverhältnisse. Je nach Beruf dauert die Lehre 3 oder 4 Jahre.

Die Anerkennung der Berufslehren sind vom Bundesamt für Berufsbildung und Technologie (BBT) aufgrund des Berufsbildungsgesetzes geregelt. Dadurch sind sie eidgenössisch anerkannt.
Die Lehrabschlussprüfung, welche aus einem praktischen und einem theoretischen Teil besteht, bildet den Abschluss der Lehrzeit. Wer die Prüfung bestanden hat, erhält das Fähigkeitszeugnis. Dieses ist mehr als nur ein Ausweis, es eröffnet konkrete berufliche Perspektiven in der Praxis und durch Weiterbildung auf der Tertiärstufe im Bereich der höheren Berufsbildung.

Die 2-jährige Grundbildung mit Eidgenössischem Berufsattest

Neben der Berufslehre (3- oder 4-jährigen beruflichen Grundbildung) gibt es eine Ausbildungsform, welche weniger hohe Anforderungen stellt, die 2-jährige berufliche Grundbildung mit Berufsattest.
Diese einfacheren Berufsausbildungen sind für Jugendliche geeignet, die an einem bestimmten Beruf Interesse zeigen, bei denen aber die schulischen Voraussetzungen nicht den Anforderungen, die an eine 3- oder 4-jährige Grundbildung gestellt werden, entsprechen.
Die 2-jährige Grundbildung verfügt über ein eigenständiges Profil und führt zu einem vollwertigen Beruf. Sie bietet vorwiegend praktisch begabten Jugendlichen sowie Erwachsenen die Möglichkeit, einen eidgenössisch anerkannten Titel zu erreichen, und gewährt ihnen Zugang zum lebenslangen Lernen. Analog wie bei 3- und 4-jährigen Grundbildungen findet die Ausbildung an den drei Lernorten Lehrbetrieb, Berufsfachschule und überbetriebliche Kurse statt.
Ziel der Attestausbildung ist die Integration der Absolventinnen und Absolventen in die Arbeitswelt und die Gesellschaft. Die Schwerpunkte dieser Grundbildung sind der Erwerb der Kompetenzen gemäss Berufsbild, die Festigung und Ergänzung der Allgemeinbildung und die Förderung der Persönlichkeitsbildung und Selbstverantwortung.
Am Schluss der Ausbildung, nach einem praktischen und schulischen Qualifikationsverfahren, erhält der Jugendliche einen amtlichen Ausweis – das Eidgenössische Berufsattest.
Nach Abschluss der 2-jährigen Grundbildung besteht die Möglichkeit, Angebote berufsorientierter Weiterbildung sowie 3- oder 4-jährige Grundbildungen zu besuchen.

Die Berufsmaturität

Durch die Berufsmaturität erwerben Absolventen und Absolventinnen eine erweiterte und vertiefte Allgemeinbildung und ergänzen die berufliche Grundbildung. Ein eidgenössisches Fähigkeitszeugnis in einem Lehrberuf ist integraler Bestandteil des Berufsmaturitätsabschlusses, das heisst, den Berufsmaturitätsausweis erhält nur, wer sowohl die Lehrabschluss- als auch die Berufsmaturitätsprüfung mit Erfolg bestanden hat.
Inhaber der Berufsmaturität werden vom Arbeitsmarkt gut aufgenommen, denn sie verfügen über eine doppelte Qualifikation. Einerseits sind sie qualifizierte Berufsleute, welche Leistungswillen gezeigt und ihre fachliche Ausbildung mit vertiefter Allge-

meinbildung erweitert haben; andrerseits besitzen sie die nötige Reife, um auch an einer Fachhochschule zu studieren.

Berufsmaturandinnen und -maturanden mit Berufsmaturitätsausweis können in der Regel prüfungsfrei in das erste Semester einer Fachhochschule eintreten. Die Berufsmaturität gibt es in sechs Richtungen: technische, kaufmännische, gewerbliche, gestalterische, naturwissenschaftliche und gesundheitlich-soziale Berufsmatura.

Ausbildungswege
Die Berufsmatura (BM) kann auf verschiedenen Wegen erworben werden:
BM 1 – parallel zur beruflichen Grundbildung an einer Berufsmittelschule, an einer Handelsmittelschule, Informatikmittelschule oder in einer Lehrwerkstätte
BM 2 – nach einer abgeschlossenen beruflichen Grundbildung als Vollzeitlehrgang in zwei Semestern oder berufsbegleitend als «Teilzeitlehrgang» in drei bis vier Semestern.

Wer während der Lehre die Berufsmittelschule (BMS) besuchen will, sollte dies vor Lehrbeginn mit seiner für die Ausbildung zuständigen Fachkraft besprechen und eventuell im Lehrvertrag festhalten. Für die Berufsmittelschule muss ein Aufnahmeverfahren bestanden werden.

Durch Zusatzqualifikation an eine universitäre Hochschule
Wer einen Berufsmaturitätsausweis besitzt, kann sich in zwei bis drei Semestern durch die so genannte «Passerelle» auf die von der Schweizerischen Maturitätskommission organisierte, externe Ergänzungsprüfung vorbereiten. Wer diese Prüfung besteht, hat Zugang zu allen Studiengängen an allen universitären Hochschulen in der Schweiz sowie an ausländischen Hochschulen, die diesen Ausweis (freiwillig) anerkennen.

Hinweis
Eine Übersicht zu den Passerellen-Kursen ist zu finden auf der Weiterbildungs-Angebotsbörse WAB unter: *www.w-a-b.ch.*

ALLGEMEIN BILDENDE SCHULEN

Die Fachmaturität

Zur Fachmatur gelangt man über den Besuch einer Fachmittelschule. (Die Fachmittelschule FMS geht aus den früheren Diplommittelschulen DMS hervor.)
Es werden zwei verschiedene Abschlüsse angeboten:

- **der Fachmittelschulausweis und darauf aufbauend**
- **die Fachmaturität**

Die Fachmittelschule als Vollzeitschule ist bestimmt für bildungswillige Jugendliche aus der Sekundarstufe I mit erweiterten Ansprüchen, welche eine schulische Ausbildung ausserhalb des Gymnasiums suchen und sich auf bestimmte Ausbildungen der Tertiärstufe vorbereiten.

Diese Mittelschule öffnet den Zugang zu einer qualifizierten Ausbildung, die, neben einer vertieften Allgemeinbildung, hauptsächlich auf eine Ausbildung an Fachhochschulen und auf solche an höheren Fachschulen in folgenden Berufsfeldern vorbereitet: Gesundheit, soziale Arbeit, Pädagogik, Kommunikation und Information, Gestaltung und Kunst, Musik und Theater sowie angewandte Psychologie.

Die Fachmittelschule schliesst nach einer dreijährigen Ausbildung im gewählten Berufsfeld mit einem Fachmittelschulausweis ab, der den prüfungsfreien Übertritt in eine höhere Fachschule ermöglicht.
Mit dem Fachmittelschulausweis kann in einem vierten Ausbildungsjahr eine Fachmaturität erworben werden. Diese ermöglicht den Übertritt an eine Fachhochschule oder mit entsprechend ergänzender Allgemeinbildung an eine pädagogische Hochschule.
Bedingungen sind:

- **der erfolgreiche Abschluss der Fachmittelschule mit Fachmittelschulausweis**
- **je nach gewünschter Ausbildungsrichtung das Absolvieren eines bewerteten Praktikums von 12 bis 40 Wochen Dauer oder praktische indivi-**

duelle Leistungen von mindestens 120 Lektionen Dauer (Sprach-, Informatik-, Gestaltungs-, Instrumental-, Gesangs- oder Theaterunterricht)

Die gymnasiale Maturität

Die Maturitätsausbildung ist eine anspruchsvolle Allgemeinbildung auf der Sekundarstufe II und dauert in der Regel vier Jahre.

Das Ziel gymnasialer Maturitätsschulen ist, ihre Schülerinnen und Schüler zur Hochschulreife zu führen. In einem breiten Pflichtfächerangebot eignen sich die Absolventen ein solides Grundwissen an. Dazu gehören sieben Grundlagenfächer, welche gegen Ende der Ausbildung mit je einem ausgewählten Schwerpunkt- und Ergänzungsfach vervollständigt werden. Dies ermöglicht den Zugang zu allen Fachbereichen der universitären Hochschulen.
Eine breite Allgemeinbildung und ein weiter geistiger Horizont sollen als Grundlage für die spätere Spezialisierung an der universitären Hochschule und der ETH dienen.

Es gibt auch Maturitätsschulen für Erwachsene, welche Berufsleute über den zweiten Bildungsweg auf die gymnasiale Maturität vorbereiten.

Wer ist geeignet?
Entsprechend dem breit angelegten Bildungsprogramm werden von den Schülerinnen und Schülern vielseitige Interessen und Fähigkeiten vorausgesetzt.

Es werden erwartet:

- *Interessen:* Vielfältige geistige und kulturelle Interessen, Neugierde, sowie Freude am Theoretischen (nicht nur wissen wollen, wie etwas ist, sondern auch, warum es so ist).

- *Intellektuelle Fähigkeiten:* Überdurchschnittliches Leistungs- und gutes Abstraktionsvermögen.

- *Motivation:* Bereitschaft, viel und lange zu lernen und anspruchsvollen Stoff zu bewältigen. Die Schülerinnen und Schüler gehen gerne zur Schule und sind bereit, eine längere Ausbildungszeit auf sich zu nehmen.
- *Lern- und Arbeitsverhalten:* Ausdauer und Konzentrationsfähigkeit, gute Lern- und Arbeitstechnik, Selbstständigkeit in der Schularbeit.

Einseitige Begabungen sind dem Erfolg in der Maturitätsschule hinderlich.

TERTIÄRSTUFE

Berufliche Ausbildungen auf der Tertiärstufe setzen eine fortgeschrittene Persönlichkeitsentwicklung, eine erweiterte Allgemeinbildung und eine spezifische Vorbereitung voraus. Sie beginnen deshalb nicht unmittelbar nach der obligatorischen Schulzeit, sondern setzen eine abgeschlossene Ausbildung auf der Sekundarstufe II voraus, eine berufliche Grundbildung oder eine Mittelschule.

Hinweis
Bei den folgenden Bildungsgängen sind die wichtigsten, von den Behörden festgelegten Zulassungsbedingungen beschrieben. Spezielle Aufnahmemöglichkeiten sind direkt bei den Bildungsinstitutionen zu erfragen. Siehe auch Kapitel 6.4

HÖHERE BERUFSBILDUNG

Eidgenössische Berufsprüfungen mit Fachausweis (BP)

Mit der Berufsprüfung qualifizieren sich Fachleute für Stellen, bei denen vertiefte Fachkenntnisse mit erhöhten Anforderungen verlangt werden, mit einem wesentlich grösseren Aufgabenbereich, als dies nur mit einer beruflichen Grundbildung (Berufslehre) möglich wäre.
Berufsleute mit einem eidg. Fachausweis (FA) können sich auch vermehrt für Stellen bewerben, bei denen sie Funktionen einer oder eines Vorgesetzten übernehmen. Sie können auch in der Ausbildung von Lernenden Verantwortung übernehmen.
Wer eine Berufsprüfung erfolgreich abgelegt hat, erhält einen eidgenössischen Fachausweis (als Fachfrau/Fachmann im Finanz- und Rechnungswesen oder als Marketingplanerin/Marketingplaner usw.).

Für die Zulassung zur Berufsprüfung muss die Bewerberin oder der Bewerber meistens eine Berufslehre abgeschlossen haben und eine mehrjährige Berufspraxis im entsprechenden Tätigkeitsgebiet vorweisen können.

Die Berufsprüfung mit Fachausweis kann in über 177 Berufen abgelegt werden. Nachfolgend einige Beispiele, welche der Übersicht halber nur in männlicher Form genannt werden:

Agrokaufmann, Automobildiagnostiker, Bankfachmann, Baupolier, Betriebsfachmann, Buchhalter, Datailhandelsspezialist, Direktionsassistent, Elektro-Telematiker, Filmschaffender, Hauswirtschaftsleiter, Immobilienverwalter, Informatiker, Obergärtner, Marketingplaner, Personalberater, Sozialversicherungsfachmann, Systemtypograf, technischer Kaufmann, Werbeassistent, Treuhänder, Zolldeklarant.

Eidgenössische höhere Fachprüfung oder Meisterprüfung (HFP)

Mit der höheren Fachprüfung qualifizieren sich die Absolventinnen und Absolventen für das selbstständige Führen eines Geschäftes oder für Stellen, bei denen vertiefte Kenntnisse in den Bereichen Personalführung, Projektmanagement, Betriebswirtschaft und Rechnungswesen verlangt werden.
Zum Verantwortungsbereich von Berufsleuten mit einer höheren Fachprüfung gehört auch die Ausbildung von Lernenden.
Voraussetzung: in der Regel Berufsprüfung oder höhere Fachschule und mehrjährige Berufstätigkeit in leitender Funktion.

Es existieren über 158 höhere Fachprüfungen. Wer die höhere Fachprüfung bzw. Meisterprüfung abgelegt hat, erhält ein eidgenössisches Diplom (z.B. als dipl. Drogistin/dipl. Drogist oder dipl. Bauleiterin/dipl. Bauleiter), es folgen weitere Beispiele von eidg. Diplommöglichkeiten:
EDV-Analytiker, Einkäufer, Energieberater, Exportleiter, Finanz- und Anlageberater, Heimleiter,

Küchenchef, Landwirt-Meister, Marketingleiter, Organisator, Pensionsversicherungsexperte, Web Project Manager, Steuerexperte, Verlagsfachmann, Verkaufsleiter, Vermögensverwalter, Werbeleiter, Wirtschaftinformatiker.

Höhere Fachschulen (HF/TS)

An höheren Fachschulen vertiefen Berufsleute ihre Allgemeinbildung, frischen ihre Berufskenntnisse auf und qualifizieren sich in Organisation und Führung.
Höhere Fachschulen (HF) bieten Bildungsgänge mit hohem Praxisbezug und einem entsprechend ausgewogenen Theorieteil an. Sie basieren auf klaren, staatlich kontrollierten Mindestvorgaben und sind untereinander vergleichbar.
Die Lehrgänge dauern 2 oder 3 Jahre (je nach Schule und Lehrgang Vollzeit oder berufsbegleitend).
Absolventinnen und Absolventen einer höheren Fachschule nehmen eine Zwischenstellung ein zwischen denjenigen der Fachhochschulen und den Berufsleuten mit einer höheren Fachprüfung.
Sie geniessen in der Wirtschaft einen guten Ruf und werden meist im mittleren Kader oder als gut qualifizierte Sachbearbeiter eingesetzt.
Der Titel der höheren Fachschulen ist vom Bund geschützt.
Es gibt zur Zeit über 100 eidgenössisch anerkannte höhere Fachschulen (davon sind 60 Technikerschulen).
Ausbildungsgänge gibt es in den Bereichen Technik, Gastgewerbe, Tourismus und Hauswirtschaft, Wirtschaft, Land- und Waldwirtschaft, Gesundheit, Soziales und Erwachsenenbildung, Künste und Gestaltung.

Voraussetzung für den Besuch einer höheren Fachschule ist eine abgeschlossene Berufslehre im entsprechenden Berufsgebiet mit Berufspraxis oder eine gleichwertige Ausbildung. Wer über einen Abschluss einer allgemein bildenden Schule auf Sekundarstufe II verfügt, wird zu bestimmten höheren Fachschulen zugelassen.

Weiterbildung nach einer höheren Berufsbildung
Höhere Fachschulen verfügen über ein breites Weiterbildungsangebot.
Die berufsorientierte Weiterbildung erfolgt auf allen Stufen mit einem vielfältigen Weiterbildungsangebot.

Mit einem Diplom einer höheren Berufsbildung an die Fachhochschule
Wer über ein Diplom (höhere Fachprüfung oder höhere Fachschule) verfügt und die jeweiligen Zusatzbedingungen erfüllt, kann eine Fachhochschule besuchen und später eine Universität oder ETH.

HOCHSCHULSTUFE

Fachhochschulen FH

Die Fachhochschulen sind mit Ausnahme der pädagogischen Hochschulen in der Regelungskompetenz des Bundes. Für die pädagogischen Hochschulen sind die Kantone zuständig.
Die Fachhochschulen bieten praxisbezogene Studiengänge und Weiterbildungskurse auf Hochschulstufe an. Sie richten sich vor allem an Berufsleute, welche die Berufslehre mit der Berufsmatur abgeschlossen haben und die eine hochwertige Spezialistenfunktion oder eine höhere Kaderfunktion anstreben
Die Fachhochschulen bieten heute knapp 60 verschiedene Studiengänge in den Fachbereichen Technik und Informationstechnologie, Architektur, Bau- und Planungswesen, Chemie und Life Sciences, Land- und Forstwirtschaft, Wirtschaft und Dienstleistungen, Design, Gesundheit, Soziale Arbeit, Musik, Theater und andere Künste, angewandte Psychologie, angewandte Linguistik.

Der Grossteil der Fachhochschulen hat auf das Bachelor-/Mastersystem umgestellt, siehe auch 6.3 «Wege im europäischen Bildungsraum». Der Bachelor ent-

spricht vom Umfang der zu erbringenden Studienleistung einem Vollzeitstudium von mindestens drei Jahren (180 ECTS). Er vermittelt den Studierenden Allgemeinwissen und Grundlagenwissen und bereitet in der Regel auf einen berufsqualifizierenden Abschluss vor. Auf der Masterstufe wird den Studierenden zusätzlich vertieftes, spezialisiertes und forschungsgestütztes Wissen vermittelt. Der Master weist einen Studienumfang von 1½ Jahren (90 ECTS) auf. Aus wichtigen Gründen, namentlich wegen der internationalen Anerkennung, sind 2 Jahre oder 120 ECTS möglich. Er bereitet auf einen weitergehenden berufsqualifizierenden Abschluss vor.
Ein Teilzeit- oder berufsbegleitendes Studium dauert entsprechend länger.

Zugang

Voraussetzung für eine Ausbildung ist eine abgeschlossene Berufslehre im entsprechenden Berufsgebiet und der Abschluss der Berufsmaturität. Dies ermöglicht in der Regel einen prüfungsfreien Eintritt in die jeweilige Fachhochschule. Möglich ist auch der Weg über eine Fachmaturität oder über eine gymnasiale Matur mit anschliessender Zusatzqualifikation durch ein Berufspraktikum von einem Jahr im entsprechenden Berufsgebiet. Es können, je nach Studienrichtung, zusätzliche Eignungsprüfungen durchgeführt werden.

Es gibt Vollzeit- oder berufsbegleitende Studiengänge, Dauer zwischen 6 und 10 Semestern.

Weiterbildung

Die Weiterbildung gehört zum Leistungsauftrag der Fachhochschulen. Insgesamt werden an die 1000 Weiterbildungskurse und Nachdiplomstudien (NDS) angeboten. Neu können die Fachhochschulen für ein eidgenössisch anerkanntes Weiterbildungsmasterdiplom die geschützten Titel «Master of Advanced Studies» (MAS) oder «Executive Master of Business Administration» (EMBA) abgeben. Voraussetzung ist ein Nachdiplomstudiengang mit einem Mindestumfang von 60 ECTS (entspricht einer Studienleistung von einem Jahr), welcher dem Studierenden ermöglicht, sich in ein Spezialgebiet zu vertiefen oder sich gezielt Wissen auf neuen Gebieten anzueignen. Die Zulassung zu einem MAS oder EMBA setzt einen Hochschulabschluss voraus. Studierende, die über keinen Hochschulabschluss verfügen, können zugelassen werden, wenn sich die Befähigung zur Teilnahme aus einem anderen Nachweis ergibt.

Universität und ETH

Die Universitäten und Eidgenössischen Technischen Hochschulen (ETH) sind wissenschaftliche Hochschulen, welche auf akademische Berufe vorbereiten. Neben der Lehre gehört die Forschung zu den Kernaufgaben der universitären Hochschulen.
Ausgebildet werden Spezialistinnen und Spezialisten, die in der Forschung, in der Ausbildung, in vielen Gebieten mit hoch qualifizierten Spezialaufgaben und im mittleren und höheren Kader tätig sind.

Es gibt über 100 Fachrichtungen mit mehr als 500 Studiengängen.
Die Mehrzahl der Universitäten bieten Studiengänge in Recht und Wirtschaftswissenschaften, Mathematik und Naturwissenschaften sowie Geistes- und Sprachwissenschaften an. Medizinische Fakultäten gibt es an den Universitäten Basel, Bern, Genf, Lausanne und Zürich.
Die Hochschule St. Gallen ist auf Wirtschafts-, Sozial- und Rechtswissenschaften spezialisiert, die «Università della Svizzera Italiana» auf Architektur, Kommunikationswissenschaften und Wirtschaftswissenschaften.
An den beiden Eidgenössischen Technischen Hochschulen (ETH) in Zürich und Lausanne stehen Naturwissenschaften, Ingenieurwissenschaften und Architektur im Vordergrund.

Zugang

Die universitären Hochschulen richten sich vor allem an Gymnasiastinnen und Gymnasiasten. Wer eine schweizerisch anerkannte gymnasiale Maturität besitzt, wird prüfungsfrei zugelassen. Ausgenommen sind Fächer mit Numerus clausus. Dies gilt auch für Berufsleute, welche über den zweiten Bildungsweg an Maturitätsschulen für Erwachsene eine anerkannte gymnasiale Matur erworben haben.

Aber auch mit der Berufsmatura mit Zusatzqualifikation (Passerelle-Programm) und Aufnahmeprüfung besteht die Möglichkeit, an einer Universität oder einer ETH zu studieren.
Grundsätzlich erlaubt das Fachhochschul-Diplom die Aufnahme eines Universitätsstudiums. Da dies nicht für alle Studiengänge gilt, muss man sich bei den Universitäten erkundigen.
Ein abgeschlossenes Fachhochschulstudium kann bei einem nachfolgenden Universitätsstudium teilweise angerechnet werden.

An den Universitäten Freiburg, Genf, Lausanne, Neuenburg und der italienischen Schweiz ist es möglich, nach besonderen Aufnahmeverfahren, einige Fachrichtungen ohne Maturitätszeugnis zu studieren. Oft wird ein bestimmtes Mindestalter vorausgesetzt.

Abschlüsse

Die Studiendauer bis zum Lizenziat/Diplom dauert etwa 8 bis 10 Semester.
Bis ins Jahr 2010 sollten alle Studiengänge an den Europäischen Bildungsraum angepasst sein, d. h. an das neue Bachelor-Master-System. Der Bachelor wird nach rund 6 Semestern abgeschlossen, und die darauf aufbauenden Masterstudiengänge können in 2 bis 4 weiteren Semestern absolviert werden.

Weiterbildung

Die universitären Hochschulen bieten neben den Studiengängen ein umfassendes Weiterbildungsprogramm an. Das Angebot geht von mehrwöchigen Kursen bis zu zweijährigen Nachdiplomstudien (NDS).
Zu den formellen Weiterbildungsangeboten an den Hochschulen gehören das Doktoratsstudium und das höhere Lehramt sowie Zweitstudien.

Die berufsorientierte Weiterbildung

Wer auf dem Arbeitsmarkt bestehen will, muss sich ständig weiterbilden.
Die Weiterbildung umfasst die Gesamtheit der Lernprozesse, in denen Erwachsene ihre Fähigkeiten entfalten, ihr Wissen erweitern und ihre beruflichen Qualifikationen verbessern oder neu ausrichten.

Hinweis

Die umfassendste Datenbank der Schweiz mit Weiterbildungsangeboten im nichtuniversitären Bereich ist die Weiterbildungsangebotsbörse WAB. Informationen zu über 30 000 Lehrgängen und Kursen können im Internet unter *www.w-a-b.ch* oder via SSI-Terminals (Self-Service-Information) in Berufsberatungszentren oder Arbeitsämtern (RAV) abgerufen werden.

Unter dem Portal *www.swissuni.ch* findet man auf einer umfassenden Datenbank unter anderem Weiterbildungsangebote der Schweizer Universitäten.

6.3 Wege im europäischen Bildungsraum

Die Personenfreizügigkeit in der EU ist nicht denkbar ohne Regelung über die gegenseitige Anerkennung von Diplomen und Berufsausweisen. Die gegenseitige Anerkennung von Diplomen ist insbesondere für Selbstständigerwerbende oder für Angestellte wichtig, deren Salär oder Berufsausübung von der Anerkennung eines Diplomes (beispielsweise in der Krankenpflege) abhängig gemacht wird. Die in einem Land gemäss den dort geltenden Vorschriften erworbenen Diplome müssen in einem anderen Land anerkannt werden, wenn sie gewissen Minimalstandards entsprechen. Voraussetzung ist die Vergleichbarkeit der Ausbildungen. Spezialrichtlinien regeln die Anerkennung von Diplomen für Ärzte, Zahnärzte, Apotheker, Veterinäre, Hebammen, Architekten und Anwälte. Inhaberinnen und Inhaber eines Diploms, welches den Minimalanforderungen genügt, dürfen ihren Beruf in jedem Mitgliedstaat der EU und in der Schweiz ausüben.

Die allgemeine und berufliche Bildung, welche durch ein Bildungssystem angeboten wird, trägt massgeblich zur Existenzsicherung der einzelnen Berufsleute und zur wirtschaftlichen Leistungsfähigkeit eines Landes bei. Da die Wirtschaft an den Landesgrenzen nicht Halt macht und somit die Bürgerinnen und Bürger Europas mit ihren erworbenen Qualifikationen und Kompetenzen ohne Einschränkung in allen Ländern Europas arbeiten und leben können, richten sich die nationalen Bildungssysteme zunehmend auf die EU-Bildungsprogramme (LEONARDO DA VINCI und SOKRATES/ERASMUS) zur Gestaltung eines «europäischen Bildungsraumes» aus. Dabei geht es vor allem um die gegenseitige Anerkennung von Qualifikationen.

EU-Regelungen

Nach dem Gemeinschaftsrecht der Europäischen Union sind Qualifikationen und praktische Erfahrungen, die in einem Mitgliedsland erworben wurden, in der gesamten EU gültig. Wer demnach in seinem Heimatland für einen bestimmten Beruf qualifiziert ist, darf ihn auch in allen anderen Mitgliedstaaten ausüben.

Die Europäische Union hat für so genannte reglementierte Berufe ein allgemeines System zur Anerkennung der Qualifikationen eingeführt. Reglementierte Berufe sind solche, für die bestimmte Diplome, Nachweise oder besondere Qualifikationen vorausgesetzt werden.

Wer zum Beispiel als Ingenieur, Lehrerin oder Psychologe im Ausland tätig sein möchte, muss bei den zuständigen Behörden des Landes die Anerkennung seines Berufsabschlusses beantragen.

Wenn die Behörden dabei feststellen, dass Inhalt und Dauer einer Ausbildung erheblich von der entsprechenden nationalen Ausbildung abweichen, können sie den Nachweis von Berufserfahrung, die Teilnahme an einem Anpassungslehrgang oder eine Eignungsprüfung verlangen.

Mit dem neuen Europass wurde ein Dokument geschaffen, um Qualifikationen und Kompetenzen auf europäischer Ebene vergleichbar zu machen. Näheres dazu siehe *www.europass-info.de*.

Die europäischen Reformen zielen auch darauf ab, die Mobilität der Studierenden und die Zusammenarbeit zwischen Ausbildungsstätten nachhaltig zu verbessern.

Um die gegenseitige Vergleichbarkeit von Studienabschlüssen zu erleichtern, wurde deshalb ein zweistufiges Studiensystem, angelehnt am angelsächsischen Modell, und ein transparentes Leistungspunktesystem eingeführt. Diese Hochschulreform wurde an einem Bildungsministertreffen von Bologna getroffen, an welchem sich 30 europäische Staaten verpflichtet haben, bis im Jahre 2010 die Ziele dieser Bologna-Deklaration umzusetzen. In diesen Massnahmen sieht man auch einen Beitrag zur Verbesserung der wirtschaftlichen Leistungsfähigkeit Europas durch bessere Abstimmung der einzelnen nationalen Hochschulsysteme, die Verbesserung der internationalen akademischen Mobilität und die Stärkung des Bildungsstandortes Europa im weltweiten Wettbewerb.

Gestufte Studiengänge Bachelor und Master

Eine der wichtigsten Veränderungen im nationalen Hochschulbereich ist der Übergang von den traditionellen Abschlüssen zu einer Einteilung: Bachelor – Master – Ph.D. oder Doktor.
Die universitären Hochschulen gliedern alle ihre Studiengänge in folgende Stufen:

- **a) Stufe 1, Bachelorstudium mit 180 Kreditpunkten (durchschnittlich 60 pro Jahr),**
- **b) Stufe 2, Masterstudium mit 90 bis 120 Kreditpunkten,**
- **c) die Doktorstufe, deren Umfang und Ausgestaltung von jeder Universität individuell festgelegt wird.**
  Es gibt Doktorats-Studiengänge.

Kreditpunkte
Die Universitäten vergeben Kreditpunkte gemäss dem europäischen Kredittransfersystem (ECTS) aufgrund von kontrollierten Studienleistungen.
Ein Kreditpunkt entspricht einer Studienleistung, die in 30 Arbeitsstunden erbracht werden kann.

Die neue Studienordnung basiert auf einem Grundstudium bzw. auf einer Assessment-Stufe von zwei Semestern, welche zur Abklärung der Eignung und Befähigung dient. Danach folgt das Aufbaustudium von zwei Jahren. Nach insgesamt drei Jahren kann das Studium mit dem Bachelor abgeschlossen werden.
Dieser Abschluss stellt vor allem eine wissenschaftliche Grundlage dar und ist Voraussetzung für die Spezialisierung im Masterstudium.
Der Bachelor-Abschluss kann jedoch auch als Erstabschluss gelten, der einen Übertritt ins Berufsleben erlaubt.

Die Zulassung zu den Master-Studiengängen setzt grundsätzlich das Bachelordiplom einer Hochschule oder einen gleichwertigen Hochschulabschluss voraus.
Ein Master-Studiengang dauert eineinhalb bis zwei Jahre und schliesst mit dem Master ab.

6.4 Wie komme ich zu den neuesten Informationen im Bildungswesen?

An den Strukturen der Bildungsstufen im nationalen Bildungssystem dürfte sich wenig ändern. Die Anpassung der universitären Bildungen an den europäischen Bildungsraum, welche bis im Jahre 2010 abgeschlossen sein sollte, ist bereits vielerorts erfolgt. Hingegen ist bei den Zulassungsbedingungen zu einzelnen Bildungsinstitutionen und Bildungsgängen mit Änderungen zu rechnen. Zudem entstehen laufend neue Berufe und Studiengänge.
Um gegen unliebsame Überraschungen gefeit zu sein, ist es deshalb sinnvoll, sich vor wichtigen Entscheiden über den neuesten Stand der Aufnahmebedingungen der ins Auge gefassten nächsten Bildungsstufe zu informieren. Dies kann, wenn nötig, über ein persönliches Gespräch mit Fachpersonen der zuständigen Berufs-, Studien- und Laufbahnberatung geschehen oder durch Selbstinformation im Internet.

Das umfassendste schweizerische Portal, welches über Berufe, Studium und Laufbahn informiert, ist zu finden unter:
www.berufsberatung.ch

Hier finden Jugendliche, Eltern, Lehrpersonen und Interessierte, neben Antworten zu verschiedenen Fragen zur Berufswahl, aktuelle Kurzinformationen zu mehr als 800 Berufen. Zudem Hinweise zu Schnupperlehren und Zwischenlösungen und Links zu den Lehrstellenbörsen.
Gymnasiastinnen und Gymnasiasten können sich sowohl umfassend über sämtliche Studienrichtungen der Schweizer Hochschulen informieren als auch über das Bachelor- und Master-Studienmodell sowie über Berufe, welche nach dem Studium möglich sind.
Für Erwachsene hält das dreisprachige Portal eine umfangreiche Datenbank mit Weiterbildungsmöglichkeiten bereit.
Schliesslich bietet dieses Portal neben nützlichen Hinweisen zu den Dienstleistungen der Berufs-, Studien- und Laufbahnberatung eine spezialisierte Linksammlung an, welche über 2000 Links zu Themen der Berufs- und Bildungswelt der Schweiz und viele Angebote aus dem EU-Raum und aus Übersee beinhaltet. Dieses Portal, welches vom Bundesamt für Berufsbildung und Technologie BBT sowie von der EDK finanziert wird, lässt zu Fragen im Bereich der Berufsfindung keine Wünsche offen. Es wird monatlich aktualisiert.

Wer sich über das aktuelle öffentliche Bildungswesen orientieren will, findet die notwendigen Informationen unter folgendem Portal der Schweizerischen Konferenz der kantonalen Erziehungsdirektoren EDK:
www.edk.ch

Die EDK ist der Zusammenschluss der kantonalen Regierungsmitglieder, die für Erziehung, Bildung, Kultur und Sport verantwortlich sind. Als Plattform aller Kantone plant, koordiniert und realisiert die EDK in Absprache mit dem Bundesamt für Berufsbildung und Technologie BBT ihre gesamtschweizerischen Ziele.
So plant die EDK für 2007 den Aufbau eines nationalen Zentrums, welches künftig Dienstleistungen im Bereich der Berufsbildung und der Berufs-, Studien- und Laufbahnberatung zentral für alle Kantone erbringen wird.

Für Fragen der Berufsbildungsgesetzgebung, der Berufsbildung, der Fachhochschulen, der Innovationspolitik usw. ist das Kompetenzzentrum des Bundes, das Bundesamt für Berufsbildung und Technologie BBT, zuständig.
Unter der Bezeichnung «Hochschullandschaft Schweiz 2008» haben Bund und Kantone ein Projekt lanciert, in dessen Zentrum die Schaffung eines kohärenten Hochschulraumes Schweiz steht, der alle Hochschultypen (kantonale Universitäten, ETH, Fachhochschulen) umfasst.
Kontakte zum BBT, können hergestellt werden unter dem Portal:
www.bbt.admin.ch

Weitere nützliche Adressen

www.educa.ch
Der Schweizerische Bildungsserver:
Dieses Portal zur Bildung gibt Auskunft über alle Bildungsbereiche der Volksschulstufe, Sekundarstufe I und II, Berufsbildung, Tertiärstufe, Sonderpädagogik, Weiterbildung und der Bildungsinstitutionen im Ausland.

www.berufswahlvorbereitung.ch
Berufsinformationsveranstaltungen:
Unter diesem Portal findet man Daten zu Berufsinformationsveranstaltungen in den 22 Berufsfeldern. Diese sind eingeteilt nach Regionen und nach Bildungsstufen.

www.chance06.ch
Berufsbildung im Überblick:
Aufgrund einer Initiative von Bund, Kantonen und Organisationen der Arbeitswelt vereinigt dieses Portal als Plattform u. a. das Portal für Berufswahl, Studium und Laufbahnfragen, die kantonalen Berufsbildungsämter, Berufsverbände in der Schweiz, den Schweizerischen Gewerkschaftsbund, den Schweizerischen Bildungsserver, die Vereinigung Lehrbetriebsverbünde Schweiz.

Quellennachweis, weiterführende Literatur

Kapitel 2

W.F. Veltman
«Menschentypen», 1997,
ISBN 3-8251-7104-3

Bernhard Lievegoed
«Der Mensch an der Schwelle», 1985,
ISBN 3-7725-830-8

Germaine Neukomm
«Die Biografie des Menschen», 1999,
Lea Kym Verlag, Tellstr. 50, 8400 Winterthur

Dr. med. Alla Selawry
«Metalltypen in Psychologie und Medizin»,
Haug Verlag,
ISBN 3-7760-0740

Erwin Egloff
Berufsinteressenfelder aus:
«Berufswahl-Vorbereitung»,
Lehrmittelverlag des Kantons Aargau

Walter Herzog, Markus P. Neuenschwander, Evelyne Wannack
«In engen Bahnen: Berufswahlprozess bei Jugendlichen», Nationales Forschungsprogramm Bildung und Beschäftigung (NFPNR 43) 2004,
Sekretariat Schweizerischer Nationalfonds, Dr. Chr. Mottas, Wildhainweg 20, 3001 Bern,
cmottas@snf.ch,
ISBN 3-908117-87-9

Rudolf Steiner
«Das Karma des Berufes des Menschen in Anknüpfung an Goethes Leben»,
fünfter Vortrag, Dornach, 13. November 1916,
Verlag der Rudolf Steiner-Nachlassverwaltung Dornach

«Psychosophie»,
12 Vorträge gehalten in Berlin 1910,
Rudolf Steiner-Nachlassverwaltung, Gesamtausgabe Dornach 2001,
ISBN 3-7274-1150-3

Kapitel 3

Dr. René Zihlmann, Psychologe, Berufsberater, Direktor Laufbahnzentrum der Stadt Zürich, (mit Autorenteam)
«Das Berufswahlbuch», mit CD-ROM «Berufswahl-Kompass»
Während das Buch vor allem eine Übersicht über die 22 Berufsfelder bietet, findet man auf der CD- ROM detaillierte Informationen zu über 800 Grund- und Weiterbildungsberufen. Beide sind auch separat erhältlich im Sabe Verlag Aarau.

René Zihlmann
«Das Berufsfelder-System»,
Grundüberlegungen zur Entstehung der 22er-Berufsfeldereinteilung.

René Zihlmann
«Grundbildungen, Höhere Berufsbildungen und Hochschulbildungen nach den 22 Berufsfeldern»
Die Werke von Autoren im Bereich Berufswahl-Vobereitung können eingesehen und bestellt werden unter www.svb-asosp.ch/medienshop.

Kapitel 4

Dr. Michael Brater
«Beruf und Biographie»: Esslingen: GESUNDHEITSPFLEGE initiativ, 1998,
ISBN 3-932161-17-3

Kapitel 5

Michael Brater
«Was brauchen wir morgen? Berufsentwicklung, Anforderungsprofile und (Waldorf-)Schule», aus Doris Kleinau-Metzler, «Die Zukunft der Waldorfschule»,
Rowohlt Taschenbuch Verlag, 2000

Prof. Dr. Hans Geser Soziologisches Institut der Universität Zürich
«Wandel der Arbeitswelt».
Ein Forschungsprojekt gemeinsam mit Konjunkturforschungsstelle der ETH Zürich (KOF),
Informationen Tel. 044 634 21 46
oder hhansen@soziologie.unizh.ch

«Schweizerisches Qualifikationsbuch», Portfolio für Jugendliche und Erwachsene zur Weiterentwicklung in Bildung und Beruf,
Gesellschaft CH – Q, WERDVERLAG,
ISBN 3-85932-330-X

Barbara E. Stalder, Amt für Bildungsfoschung,
Erziehungsdirektion des Kantons Bern,
Sulgeneckstrasse 70, 3005 Bern
«Gesucht wird . . . Rekrutierung und Selektion von Lehrlingen im Kanton Bern», Sept. 2000,
Tel. 031 633 85 07 oder abf@erz.be.ch

Martin Schmid und Marco Storni,
Zähringerstr. 18, 4057 Basel, ecce – Gemeinschaft für Sozialforschung
«Transition, Zur Qualifikation und Rekrutierung von Lehrlingen im Kanton Basel-Stadt», Juni 2004

Urs Moser
«Jugendliche zwischen Schule und Berufsbildung»,
HEP-Verlag Bern, 2004,
ISBN 3-03905-076-1

Kapitel 6

René Zihlmann
«Berufsfelder 2006», Grundbildungen, Höhere Berufsbildungen und Hochschulbildungen, Vertrieb Schweizerischer Verband für Berufsberatung SVB,
Tel. 044 801 18 19,
Online-Bestellung: www.svb-asosp.ch/medienshop

Bundesamt für Bildung und Technologie,
Effingerstrasse 27, 3003 Bern,
Tel. 031 322 21 29
«Berufsbildung in der Schweiz 2005»,
www.bbt.admin.ch

Schweizerische Universitätskonferenz
«Richtlinien für die koordinierte Erneuerung der Lehre an den universitären Hochschulen der Schweiz im Rahmen des Bologna-Prozesses vom 4. Dez. 2003»,
Sennweg 2, 3012 Bern,
Tel. 031 306 60 60, www.cus.ch

Schweizerische Konferenz der Kantonalen Erziehungsdirektoren (EDK), Andreas Hirschi,
Zähringerstrasse 25, Postfach 5975, 3001 Bern,
Tel. 031 309 51 11, www.edk.ch

Europäische Kommission
«Allgemeine und berufliche Bildung in Europa: Unterschiedliche Systeme, gemeinsame Ziele für 2010»,
Luxemburg: Amt für amtliche Veröffentlichungen der Europäischen Gemeinschaft,
ISBN 92-894-4263-8

Bundesinstitut für Berufsbildung (BIBB)
«LEONARDO DA VINCI: Vom Innovationslabor zum Reforminstrument, Grundlinien des europäischen Bildungsprozesses»,
www.bibb.de/de/print/13394.htm

«FIT FOR EUROPE»
Ausbildungen, Studium, Beruf, Informationen, Ansprechpartner und Internet-Links zu allen Ländern der Europäischen Union,
http://europe-online.universum.de

Weitere Literaturhinweise:

Autorinnen- und Autorenteam
«Perspektive 21: Arbeitswelten»,

Themenheft,
Art.-Nr. 3.264.00,
ISBN-10: 3-292-00213-3,
ISBN-13: 978-3-292-00213-6

Klassenmaterial,
Art.-Nr. 3.265.00,
ISBN-10: 3-292-00214-1,
ISBN-13: 978-3-292-00214-3

Hinweise für Lehrerinnen und Lehrer,
Art.-Nr. 3.266.00,
ISBN-10: 3-292-00215-X,
ISBN-13: 978-3-292-00215-0

siehe dazu: *www.nmm.ch*

Erhältlich bei schulverlag blmv AG,
Güterstrasse 13, 3008 Bern, Tel. 031 380 52 00,
Online-Bestellung: www.schulverlag.ch

«Zur Zeit: Berufseinstieg»,

Schülerheft,
Art.-Nr. 6.542.00

Set (Schülerheft und Lehrerkommentar),
Art.-Nr. 6.545.00

siehe dazu: *www.zur-zeit.ch*

Erhältlich bei schulverlag blmv AG,
Güterstrasse 13, 3008 Bern, Tel. 031 380 52 00,
Online-Bestellung: www.schulverlag.ch